봄에도 빛나고
가을에도 빛나는

봄에도 빛나고 가을에도 빛나는

슬거운 사람을 꿈꾸며, 시간의 뒷모습을 긋다

초 판 1쇄 2025년 11월 05일

지은이 김기화
펴낸이 류종렬

펴낸곳 미다스북스
본부장 임종익
편집장 이다경, 김가영
디자인 임인영, 윤가희
책임진행 이예나, 김요섭, 안채원, 김은진, 국소리

등록 2001년 3월 21일 제2001-000040호
주소 서울시 마포구 양화로 133 서교타워 711호
전화 02) 322-7802~3
팩스 02) 6007-1845
블로그 http://blog.naver.com/midasbooks
전자주소 midasbooks@hanmail.net
페이스북 https://www.facebook.com/midasbooks425
인스타그램 https://www.instagram.com/midasbooks

ⓒ 김기화, 미다스북스 2025, *Printed in Korea*.

ISBN 979-11-7355-566-4 03810

값 18,500원

※ 파본은 구입하신 서점에서 교환해드립니다.
※ 이 책에 실린 모든 콘텐츠는 미다스북스가 저작권자와의 계약에 따라 발행한 것이므로 인용하시거나 참고하실 경우 반드시 본사의 허락을 받으셔야 합니다.

미다스북스는 다음세대에게 필요한 지혜와 교양을 생각합니다.

슬거운 사람을 꿈꾸며,
시간의 뒷모습을 긋다

봄에도 빛나고 가을에도 빛나는

김기화 지음

미다스북스

프롤로그 : 나는 안녕한가?　　　　　8

읽다

… 나슨한 마음으로 느릿느릿

새벽 세 시　　　　　　　　　　　13

어찌씨*로 그리는 느린 하루　　　　17

다사多死시대 유감　　　　　　　　21

벌써와 아직도　　　　　　　　　　26

이만 이천 원짜리 로또　　　　　　31

흡연권과 혐연권　　　　　　　　　36

갈피표로 읽은 사람 책　　　　　　40

삼키는 말의 무게　　　　　　　　44

와! 베토벤이다　　　　　　　　　49

사과 한 알　　　　　　　　　　　55

걷다

··· 빈 주머니에 넣어온 느낌표들

여름 손님	63
보리수, 보리수, 보리수	68
돌멩이	74
긴 머리와 민머리 사이, 그 어디쯤	80
나의 정원, 물향기 수목원	85
발자국마다 새긴 그날의 기도	92
오늘도 어싱(Earthing)	98
묵주의 길에서	105
범부채, 꽃 피다	111
세상에 그런 일도	117
역전들의 여름을 읽다	122
주머니에 담아온 이야기	126

보다

… 오늘이라는 계절

엄마의 엄마	135
사무치다	140
춘추 벚꽃처럼	148
호야의 호시절	153
오늘의 봄을 봄	159
마음에 피는 꽃	165
음식 부패 감지기	171
오늘의 배경 화면	175
안녕, 사마귀	181
날개 펴다, 새처럼	189
소녀를 위한 기도 – 꿈의 정원에서	195
손수건 갤러리	200

이 책은 예술인복지재단 예술활동준비금 지원을 받아 출간했습니다.

느끼다

… 직선에서 곡선으로 흐르는 마음

껌 좀 씹어볼 시간	209
내 친구는 여섯 살	214
아이구, 죽겠다	219
새벽 두 시	224
개좋다 vs 참 좋다	228
귀가 부르는 바람의 노래	232
이런 사람 저런 사람, 그럴 수도 있지	236
3월과 5월 사이	241
누가 주인일까 2	244
직선에서 곡선으로	250
이별보다 작별	254
중용의 맛, 무	259

에필로그 : 나는 안녕했다! 263

프롤로그

나는 안녕한가?

글쓰기는 '나는 안녕한가?'에서부터 시작했다. 작고, 부족했고, 아팠고, 느렸고, 소심해서 조여 매는 일에 급급했던 마음을, 글을 쓰면서 느슨하게 풀 수 있었다. 이제 들숨보다 날숨이 길어졌다.

쓰는 일은 내 마음에 밑줄을 긋는 일. '긋다'라는 말은 그림과 그리움의 어원이라고 하던데, 쓰기를 향한 그리움이 없었다면 여기까지 오지 못했을 거다.

그동안 읽고 걸으며 위로를 주는 쓰기의 집을 짓기 위해 단어의 벽돌을 쌓고 허물고 다시 쌓았다. 그때의 '지금'을 모아 네 채의 집을 지었다. 나슨한 마음으로 느릿느릿 지은 집, 빈 주머니에 넣어온 느낌표로 지은 집, 오늘이라는 계절로 채워 넣은 집, 부드러운 곡선으로 향하는 마음의 집이다.

 부족하지만, 네 채의 집에 만들어 둔 온돌의 따스한 기운이 몇 사람에게라도 가 닿으면 좋겠다. 너무 무겁지도 않고, 그렇다고 너무 가볍지도 않게. 늘 슬거운 사람이길 꿈꾸며 이 글을 읽는 독자와 내게 묻는다. 그대는 안녕한가요?

읽다

…

나슨한 마음으로 느릿느릿

새벽 세 시

새벽 세 시다.

어제는 두 시 사십구 분에 눈이 떠졌는데, 오늘은 세 시다. 시계를 보고 일어나 비틀거리며 거실 방향으로 걸음을 옮긴다. 두세 걸음 가다가 만난 희끄무레한 물체에 놀라 잠이 마저 깨버린다.

우리 집 강아지는 제집 놔두고 꼭 사람 가까이서 잔다. 밤새 두 개의 방을 오가며 잔다. 그것도 문지기처럼 문 앞에서 잔다. 우리를 지켜주는 건지 보호를 원하는 건지 모르겠지만, 나름대로 시간 안배를 하며 왔다 갔다 한다. 나만큼이나 피곤하게 사는 녀석이다. 조용히 움직였는데도 기척을 느꼈는지 벌떡 일어난다. 비척대며 균형을 잡더니 물을 마시고 화장실로 향한다. 나도 따라간다.

다시 돌아온 강아지가 자리 잡는 걸 확인하고 자리에 누웠다. 그런데 눈을 감을수록 정신이 점점 더 맑아진다. 푹 자고 일어난 아침보다 더 또렷하고 깨끗한 느낌이다. 불을 켰다. 물끄러미 올려다보는 노견 몽이의 눈망울도 나만큼이나 말똥말똥하다. 서로 눈빛을 주고받다가 빛을 몰고 거실로 나갔다. 녀석도 따라 나왔다. 낮에 대출해 온 책 중 『명랑한 중년, 웃긴데 왜 찡하지?』를 꺼내 들고 자리를 잡았다.

제목만 보고 뽑아왔는데 글이 술술 읽힌다. 재미도 있고 맛도 있다. 그리고 맵다. 매워서 눈물도 난다. 이 작가는 글을 쓰면서 조미료라도 치는 걸까. 친구 이야기, 아들 이야기, 시아버지 이야기, 남편 이야기까지. 소소한 이야기들을 북 치고 장구 치듯 흥겹게 풀어낸다. 흥겨운데 슬프고, 속상한데 웃음이 난다.

작가의 글쓰기는 어려서부터 시작된 듯하다. 전라도 광주에서 대학 생활을 했다는 작가는 사 남매 중 셋째다. 바로 위 언니와 쌍둥이처럼 붙어 지내다가 언니가 뇌종양으로 투병하는 바람에 한동안 힘든 시기를 보냈단다. 완쾌된 언니는 엄마의 반대를 꺾고 공부하여 대학에 갔고, 장학사가 되었으며 결혼까지 했다고 한다. 언니를 위했던 시간이 헛되지 않아 뿌듯해하는 마음이 행간에 가득하다.

잊지 못할 영화 〈가버나움〉의 아이들을 작가의 글에서 다시 만났다. 영화를 보고 나서 거리를 떠돌던, 실제 난민이었다는 아이들 얼굴이 문득문득 떠올랐었다. 영화가 '칸 영화제'에서 심사위원상을 받았을 때, 자인이 인터뷰에서 했다는 말이 생각난다. 슬프게 하라면 슬프게 했고, 행복하게 하라면 행복하게 하면 되니 영화를 찍는 게 힘들지 않았다고 했다. 곱슬머리 자인 알 라피아의 얼굴을 보며 '무심'이라는 단어가 떠올랐다면, 소년이 돌보던 아기 요나스의 눈망울은 밤하늘 별 같았다. 다행히 자인은 영화 개봉 후에 노르웨이로 망명하여 학교에 다니게 되었고 영화배우로도 활동한다고 했다. 자인은 지금쯤 대학생이 되어 있지 않을까. 아기였던 요나스도 많이 자랐겠다. 변호사 역할을 한 감독을 빼고 모든 출연자가 난민이었다는데, 그들의 삶이 늘 기적의 '가버나움'이기를 기도하는 새벽이다.

지구별엔 81억 이상의 사람이 산다. 저마다 얼굴이 다르듯 재주도 다양하다. 취미도 다양하다. 나는 글 쓰는 취미가 있다. 쓰는 걸 즐기며, 내 눈에 보이는 것을 감상하고 이해하려는 마음을 글로 녹여 낸다. 그런데 분수처럼 쏟아지는 생각들을 두 손에 모아보지만 대부분 빠져나간다. 그중 잡힌 생각들을 줄 세워 정리하지만 역부족이다. 그걸 만회하는 건 노력이다. 그러다 도서관에 가면 내가 얼마나 부족한지를 깨닫는다. 세상엔, 아니 내 주위만 살펴봐도 글 잘 쓰는 사람이 정말 많다. 재밌게 쓰고 잘 쓴 글을 읽고, 공감하며 울고 웃는다. 그리고 '난 왜 안 되지?' 물음표로 다가갔다가 얼굴이 다르듯 나만의 표정이 있다는 위로의 느낌표로 돌아온다. 나는 내가 보고 느낀 것을 글로 쓰는 재미를 누리는 '취미人'이다.

마지막 장을 덮는 것과 동시에 동녘이 서서히 밝아왔다. 어느새 아침이다. 지난밤 수면 시간을 손가락으로 헤아려 본다. 숫자 5도 넘기지 못하는 걸 꼭 손가락 하나씩 꼽아볼 만큼 내게 잠은 소중하다. 그래도 어젯밤은 네 시간이나 잤다. 밤을 꼬박 지새우는 날에 비하면 감사한 일이다. 긴 잠은 놓쳤어도 놓친 잠이 아깝지 않은 건, 새벽 세 시에 읽은 책 덕분이다. 새벽 세 시에 받은 선물로 오늘도 뿌듯한 하루를 연다.

(2024)

어찌씨로 그리는 느린 하루

 여유를 부리며 꾸무럭대다가 타려던 차를 놓쳤다. 몇 걸음 앞에서 버스가 방귀 뀌듯 부르릉거리며 떠났다. 버스 뒤꽁무니를 보며 정류장 의자에 털썩 주저앉았다. 휴우! 참았던 숨을 내쉬고 눈을 감았다. 평소에는 발밤발밤 걷다가 오늘은 달음질치듯 걸었다. 거기다 걸으며 버스가 오는지 보려고 고개를 홱 돌려서 현기증이 확 몰려왔다. 도시 한복판이 바다가 된 듯, 먼 데 수평선이 어른어른했다. 바닥이 출렁거리는 물결처럼 흔들려 잠시 섰던 시간, 그 시간만 지체하지 않았어도 놓친 버스 안에 내가 있을 터였다.

 수업을 마치고 집에 오는데 걸을 때마다 꼬르륵꼬르륵 소리가 난다. 배가 고프긴 한데, 어디 들어가 먹고 가기에는 시간이 애매하다. 그냥 집으로 향하는데, 이번엔 보채듯 꾸르륵꾸르

륵한다. 반려견 몽이 배 속에서 나는 소리와 같아 픽, 웃고 만다. 집에 있는 강아지를 떠올리니, 아침에 냉장고에 넣어놓고 나온 잘 익은 열무김치가 생각난다. '집에 가서 밥에 열무김치 넣고 비벼 먹어야지.' 벌써 입안에 침이 고인다.

집에 오자마자, 밥솥에 있던 찬밥을 퍼서 전자레인지에 넣고 돌렸다. 일 분으로 눌러놓고 그 앞에서 째깍째깍, 줄어드는 숫자를 보고 초까지 세며 기다렸다. 땡, 소리와 동시에 문을 벌컥 열고 김이 나는 밥을 꺼내 준비해 둔 열무김치를 듬뿍 넣었다. 그리고 얼마 전에 새로 짠 들기름 뚜껑을 열고 킁킁, 고소한 향을 맡은 다음 밥 위에 주르륵, 두어 번이나 듬뿍 따라 넣었다. 다 비비기도 전에 꼴깍. 침 넘어가는 소리가 이렇게 크고 맛있게 들릴 소리던가. 하얀 쌀밥에 입혀진 열무김치의 불그레한 색을 보고, 들기름의 고소한 향을 코로 흡흡 들이마시며 한 숟갈 가득히 떴다. 욕심껏 올린 밥을 꾸역꾸역 입안에 욱여넣고 천천히 씹기 시작했다.

열무 비빔밥을 먹으며 어제 먹다 남은 반찬 하나를 챙겼다. 눈으로 보는 맛있는 반찬이다. 20가지 때와 200가지 의성의태

어로 쓴 동화 『후 불어 꿀떡 먹고 꺽!』이라는 책이다. 마침, '우걱우걱'이라는 단어가 나왔다. 난 지금도 그렇지만, 아무리 배가 고파도 우걱우걱, 허겁지겁 먹어본 적이 없다. 그래서 어릴 때 밥 먹으며 깨작거린다는 지청구를 많이 들었다. '깨작깨작'은 '깨지락깨지락'의 준말이다. 국어사전에서는 깨지락깨지락을 '조금 달갑지 않은 음식을 억지로 굼뜨게 자꾸 먹는 모양'이라고 풀어놓았다. 언어 사용의 경제성에서 온 말이 준말인데 다른 단어는 몰라도 이 말은 본딧말보다 준말이 더 낫다.

 큰아이도 어릴 때, 나처럼 밥을 앞에 두고 깨작거린 적이 있다. 그걸 보다 못해 안달복달하며 숟가락을 뺏어 들고 떠먹이곤 했다. 겨우 입에 넣어 줘도 밥 한 숟가락을 씹고 삼키는 데 과장해서 한나절은 걸렸다. 그래도 먹이겠다며 밥그릇을 들고 아이 뒤를 졸졸 따라다니는 걸 본 엄마가 한마디 했다.
 "그러지 말고 한 끼 굶겨 봐라."
 처음엔 안쓰럽게 어떻게 굶기냐고 했다. 그러다가 인내심이 바닥난 날, 안 먹는 밥그릇을 치우고 간식도 주지 않았다. 그날 저녁, 아이는 누룽지를 뜯어 먹다가 물에 만 눌은밥에 김치까지 얹어 그 조그만 입으로 오물오물 잘도 퍼먹었다. 그야말로

허겁지겁 떠먹었다.

사실, 나는 음식들이 달갑지 않아서 깨작깨작한 건 아니었다. 그렇다고 먹을 것이 귀했던 때니, 배가 불러서도 아니었다. 다만, 먹는 속도가 굼뜰 뿐이었다. 지금도 밥 먹는 속도는 여전히 느리다. 그런데 어떤 일은 반복의 결과로 손이 빠르다는 소리를 듣는다. 손이 재니 발도 따라가는 걸까. 아들이 중학생일 때 내게 했던 말이 종종 생각난다. 종종대며 걷는 내 뒤를 휘적휘적 따라오며 "엄마, 그 나이엔 좀 천천히 걸어도 되지 않나?" 뒤돌아보니 아들이 저만치서 느직느직 걸어오고 있었다. 아마, 장을 보러 가는 길이었을 거다. 누구와의 약속도 없고 빨리 다녀와야 할 이유도 없는 날이었다.

총총걸음에서 종종걸음을 지나 이제 거북이걸음이 편한 때가 되었다. 해가 더할수록 그럴 수밖에 없는 이유가 늘고 있다. 느려지는 걸음이 내 밥 먹는 속도와 수평을 이루니 몸과 마음에 여유가 생기긴 한다.

(2024)

* 어찌씨: 부사

다사多死시대 유감

세상엔 별일도 다 있다.

여기서 '별일'은 드물고도 이상한 일이란 뜻이다. 구순의 노모를 여읜 자손들이 화장장火葬場에서 어머니의 분골함을 받지 못했다. 화장장 측에서 어머니의 분골을 수습조차 하지 않은 상태에서 연고도 없는 타인의 시신을 화장하여 함께 뒤섞어 버렸기 때문이다. 화장장 직원의 실수를 영상으로 확인한 가족의 심정이 어땠을까.

초고령화 사회에 진입하였으니 그만큼 사망률도 높아졌다. 나도 청첩장과 부고장의 비율이 비슷하다. 어떨 때는 부고 문자만 연달아 올 때도 있다. 그러니 직접 문상 가든 마음만 전하든, 이젠 장례식장이 이웃집 같은 느낌이다. 양가 어머님 두 분이 구순과 백수를 바라보고 계시고 건강도 썩 좋지 않으니 곧 내게도 현실로 닥칠 일이다. 그래서 그 가족의 사연이 남의 일 같지 않다.

   지난주 친정에 갔을 때의 일이다. 여러 겹 껴입어도 춥다는 엄마의 첫인사는 "아이구, 죽겠다…."였다. 일어날 때도, 지팡이에 의지해 한 걸음씩 옮길 때도, 숨을 쉬듯 연달아 내뱉는 "아이구, 죽겠다." 글자 하나하나마다 엄마의 몸무게보다 더 큰 통증이 매달렸을 거다. 오죽하면 '죽겠다'는 말을 숨 쉬듯 할까. 내가 '살겠다'로 바꿔보시라고 했다. 그랬더니, 안 그래도 요양보호사도 그리 말하더라며 "지금은 하늘로 갈 사람들이 줄을 서 있을 정도로 자리가 꽉 차서 할머니는 아직 순서가 멀었어요."라고 덧붙이더라며 웃었다.

   정말로 이제 다사多死시대로 접어든 느낌이다. 앞으로 4년 후에는 화장장이 부족하다고 한다. 그래서 떠도는 시신이 늘어나고 화장 순서를 기다리느라 어쩔 수 없이 4일장이나 5일장이 대세가 될 거란다. 갈수록 출산율은 절벽이 되는데 반대로 사망률은 높아지고 있다. 그러니 앞으로는 원정 출산처럼 원정 화장도 자연스러울 전망이다.

내가 사는 경기도만 해도 인구는 천사백만 명 가까운데 화장 시설은 네 곳뿐이다. 그도 대부분 남부 지역에 있는 것 같다. 대개 한두 시간 간격으로 화장이 진행되니 고인이 가는 길도 정체될 수밖에 없다. 그러니 하늘로 갈 사람들이 줄을 서 있다는 요양보호사의 말이 틀린 게 아니다.

다사^{多死}시대, 구순의 할머니처럼 두 명의 유골이 섞이는 일이 발생해도 이상한 일이 아니겠다. 화장을 마치고 분골을 수습하고 기계 내부를 말끔히 청소하기까지 예약된 한 시간 안에 하기에는 현실적으로 부족해서다. 그러니 예의를 차려 정중히 고인을 대하기를 바라는 유족의 항의가 심심찮게 나올 만도 하다.

1960년대 일곱 살에 내가 본 최초의 죽음은 아버지였다. 그때는 고인의 관을 상여에 올리고 종이꽃으로 장식하여 묏자리까지 모셨다. 이월의 삭막한 농로를 붉게 물들였던 꽃상여, 내 생각에 지게와 한 몸이었던 아버지가 태어나서 처음 타보는 '탈 것'이 아니었을까 싶다. 1970년대, 돌아가신 할아버지도 꽃가마 같은 상여를 타고 가 땅에 묻히셨다. 그러다 1980년대 말에 도시에서 돌아가신 할머니는 버스에 실려 고향 땅에 묻히셨다. 요즈음은 대개가 장례식장에서 상을 치르고 바로 화장하여 한 줌 재로 삶을 마감한다.

 2019년 미국 워싱턴주에서는 새로운 장례 방식으로 '인간 퇴비장'을 도입했다고 한다. 말 그대로 사람의 시신을 거름으로 활용하는 방법이다. 시신을 풀과 나뭇조각, 짚 등을 넣은 특수 밀폐 용기에 담아 한 달 이상 자연 분해하고 감염을 차단하기 위해 열처리까지 한다. 그리고 유족의 의향에 따라 유골함에 보관하거나 꽃과 나무, 식물에 퇴비로 활용한다. 친환경적 장례문화라는 장점에도 불구하고 종교 단체에서는 고인의 존엄성 훼손 문제를 들어 크게 반발하고 있다는 소식이다. 그런데도 처음 시작한 워싱턴주를 비롯하여 몇 개의 주가 도입했다고 한다. 획기적인 방법엔 고개가 끄덕여지나, '퇴비장'이란 단어에는 거부감이 든다.

 태어나는 건 순서가 있어도 자연으로 돌아가는 건 순서가 없다는 말처럼 죽음은 탄생처럼 예약된 일이 아니다. 그러니 의식을 위해 정체된 자리 어딘가에 내가 있을 수도 있고 어머니, 엄마 누구라도 있을 수 있다. 가시는 분에 대한 예의는 남은 자의 몫이다. 다사多死시대, 이상한 일이 일어나도 이상하지 않은 일처럼 여기지 않도록 자연으로 돌아가는 길이 모두에게 섭섭지 않은 길이 되었으면 좋겠다.

(2024)

벌써와 아직도

11년 전, 그해 8월의 더위는 대단했다. 그 더운 날 우리 부부는 길을 나섰다. 여행 목적도 다닌 곳도 다 잊었으나 오죽헌을 돌아본 기억만은 또렷하다. 오죽헌의 나무들 특히, 배롱나무 덕분이다.

오죽헌에 다시 왔다. 지금은 4월 하순, 이곳의 배롱나무는 새순을 막 틔우기 시작했다. 배롱나무를 보니 최근에 읽은 소설 속 나무 '아직도'가 생각난다. 우직함과 성실함으로 뭉친 주인공이 농사짓는 논 양쪽에 두 그루의 나무가 있다. 벼를 제 몸보다 더 살피는 그는 나무에도 이름을 지어 준다. 100일 동안 제빛을 간직하며 피고 지는 배롱나무에는 '아직도'라는 이름을 지어줬다. 건너편의 이른 봄 가장 먼저 꽃망울을 여는 산수유는 '벌써'라는 이름을 얻었다.

'벌써'와 '아직도'는 소설을 쓴 작가가 작업실로 이용하는 폐교된 초등학교 교정에 있는 나무들 이름이다. 사실, 주인공 '들녘'도 산수유 '벌써'와 배롱나무 '아직도'도 모두 작가가 이름을 지었다. 지금은 가고 없는 사람들 이야기 속에 살아있는 나무가 들어간 셈이다. 여기 오죽헌에서 600년 이상을 살아내고 있는 배롱나무와 매화나무가 율곡과 사임당이 없는 오죽헌을 지키듯이 말이다.

사임당이 율곡을 낳아 여섯 살이 될 때까지 함께 산 곳이 오죽헌이다. 오죽의 품에 안긴 매화와 배롱은 어린 율곡이 문지방을 드나드는 것이며, 지금도 어제각에 남아 있는 벼루를 가는 소리도 들었을까. 배롱나무와 소나무를 감싸는, 줄기가 검은 대나무숲을 보고 있으니 다시 소설 속 주인공과 그의 어머니가 생각난다. 전주에서 이름난 소리꾼이었다는 들녘의 엄마는 아들을 데리고 곡성으로 들어가 자리를 잡았다. 오죽烏竹이 둘러있는 무당이 살았던 집이어서 마을 사람들은 그 집을 '오죽네'라고 불렀다. 오죽네와 오죽헌은 모두 아들을 향한 모성애 지극한 어머니가 살았다.

그녀의 아들은 '들녘'이라는 이름처럼, 들에 살았다. 그는 봄부터 가을까지, 해뜨기 전부터 들로 나가서 해지기 전에는 집에 들어오지 않았다. 그러니 남들보다 소출이 좋을 수밖에 없었을 텐데, 땅 주인인 박 진사는 그걸 빌미 삼아 도지를 쌀 쉰 섬으로 터무니없이 올렸다. 박 진사가 수확량이 많은 이유를 물었을 때, 들녘은 봄부터 가을까지 들에 나가 벼에 애쓴다고 위로하며 잘한다고 칭찬한 것밖에 없다고 말했다. 들녘의 진심을 거짓으로 들은 박 진사는 그가 이웃의 물을 훔쳐서 수확량이 는 것이라는 말도 안 되는 이유를 들었다.

결국 엄마는 박 진사네 마당에 엎디었다. 박 진사는 들녘의 엄마가 소리 한 번 해주면 도지를 감해주겠노라고 했다. 아픈 엄마는 소리하다 쓰러졌다. 그런데도 박 진사는 마름 봉식이를 시켜 도지를 받아오도록 한다. 들녘은 집에 온 봉식을 흠씬 두들겨 팬다. 말 못 하는 엄마는 후환이 두려워, 죽을힘을 다해 아들의 등을 떠밀어 집을 떠나도록 한다. 그게 아들을 살리는 길이어서다. 후에 들녘은 가톨릭을 믿으며 세례명을 이시돌로 받았다. 이시돌로 정한 것은 스페인 마드리드 출생의 농부였던 가톨릭 성인 이시도르를 염두에 둔 걸 거다.

오죽헌을 돌고 나오는 길에 율곡매와 배롱나무가 있는 곳을 다시 바라봤다. '벼는 벼끼리 뿌리를 엉겨 큰바람을 이겨내듯 나무들도 그렇다.'라는 소설가의 말처럼 이곳 오죽헌의 600살을 넘긴 나무들도 서로 기대며 힘을 내어 더 오래오래 버텨주기를 바랐다. 봄에 핀 매화가 여름을 밝힐 배롱나무를 응원하고 배롱나무는 사철 푸른 율곡송을 보며 나이테를 늘려가기를 말이다. 오래전 곡성현 논바닥을 지키던 '벌써'와 '아직도'라는 나무도 그러지 않았을까. 소설 속으로 들어간 두 그루의 나무는 지금도 살아, 아이들 없는 초등학교 교정을 지키고 있을 거다.

오죽헌을 다녀와 한 달 후에야 세 권짜리 소설을 다 읽었다. 나무 이름을 지었던 들녘을 기억하는 친구들이 산수유 '벌써'와 배롱나무 '아직도'를 옮겨 심는 이야기가 나왔다. 그들은 사라진 친구 대신 두 나무를 바라보며 들녘을 떠올리지 않았을까. 소설은 끝났어도 내게 '벌써'와 '아직도'의 페이지는 열려 있다. 오죽헌을 찾았던 것처럼, 이른 봄이거나 삼복염천이거나 어느 계절이라도 좋으니 특별한 두 나무를 만나러 가고 싶다.

(2024)

오죽헌을 지키는 수호목 배롱나무 (2025)

이만 이천 원짜리 로또

 횡단보도 앞에 멈춰 선 버스가 자그마치 넉 대다. 그중에 우리 집 방향으로 가는 버스가 두 대나 된다. 모두 배차 간격이 긴 버스이니 행운도 이런 행운이 없다. 한 대는 집에 빨리 갈 수 있지만 환승해야 하고 한 대는 갈아타지 않는 대신 시간이 배로 걸린다. 시간 절약을 돈으로 따진다면, 오천 원짜리와 만 원짜리 로또에 당첨된 기분이랄까. 로또는 오천 원짜리 당첨도 쉬운 일은 아니다. 그만큼 바로 와 준 버스가 반갑다.

 두 대의 버스 앞에서 잠시 고민했다. 다른 날 같았으면 몇 번의 환승으로라도 집까지 빨리 가는 버스를 탔을 텐데, 오늘은 종종대고 싶지 않다. 저녁 어스름과 가방 안의 시집 한 권이 느리게 돌아가는 버스 쪽으로 등을 밀었다.

 차에 올라 뒤편 구석 자리에 앉았다. 그리고 가방에서 시집을 꺼냈다. 『희고 맑은 무늬가 된 세계』. 시집 표지의 백자 그림이 버스 안의 불빛을 받아 빛났다. 창밖의 나무가 바람에 흔들리며 새소리를 받아 적던 오후, 아담한 카페에 앉아 들었던 시인의 음성을 시로 읽기 시작했다.

'소설 같은 한낮에 오늘이 小雪이라고' 「명랑 소녀 이름은 마고」

올해 소설小雪은 며칠 뒤에 내린 장설壯雪로 대설이 되어버렸다. 그날 도서관에 갔다가 집으로 오는 길에 일부러 눈 쌓인 숲길을 돌고 돌아 집으로 왔다. 시끄러운 마음을 흰 눈에 뿌리고 싶었거나, 무거운 짐을 내려놓고 싶었는지도 모른다. 막상 아무도 걷지 않은, 발목까지 푹푹 빠지는 길을 걸으면서는 영화 <삼포 가는 길>의 한 장면이 떠올랐다. 휘청거리며 눈 쌓인 들판을 걷던 세 사람, 눈 위에 누워 노래를 불렀던가. 어떤 기억은 반세기라는 시간이 무색하게 선명하다. 그 하루도, 오늘 하루도 내겐 소설小說이었다. 몇 시간 전 지인들과 함께 바라본 카페 창밖의 나무, 함께 걸었던 길, 서로의 입과 입에서 풀어낸 저마다의 서사도 장편掌篇소설이었다. 몇 년 만의 해후를 위해 두 시간을 달려가 홀짝홀짝 마신 부드러운 국화차는 두고두고 남을 시 한 편이었다.

'깨어 일어나보니 날짜가 바뀌었다/돔 안에 든 40분이 마치 무인섬에 갇힌 사나흘 같았다' 「CT」

끄덕끄덕 머리를 흔들며 내가 겪은 일을 떠올렸다. 어쩌다 구급차에 실려 갔던 날, 멀쩡해졌는데도 집에 가지 못했다. 다듬다가 만 총각무와 부엌 바닥에 펼쳐둔 쪽파와 마늘, 배추가 눈에 밟혔다. 김장 준비를 하던 중이었다. 하지만, 이상 없다는 건 내 생각일 뿐이어서 나흘 동안 병원 밖으로 나오지 못했다. 여러 가지 검사도 모자라 새벽 두 시에도 일어나 머리 사진을 찍었다. 고요에 든 병동을 몽유병 환자처럼 링거병을 걸은 거치대를 끌며 터벅터벅 영상실로 내려갔다. 삼십 분짜리 촬영이니 단단히 맘먹으라는 의사의 말에 원형의 통 안에서 온갖 생각을 하며 버텼다. 머리에 쥐가 날 정도로 전국의 산을 누비고 온갖 나무와 꽃 이름을 불렀다. 그날을 이 시 한 줄이 소환했다.

'여기 머물 수 없는 내일의 내가/저기 또 그렇게 생생히/오늘을 점점 새기고 있다' 「몽유夢遊」

'점점'. 오늘 내 휴대전화기 화면에 찍힌 걸음 수는 사천 보다. 내가 발로 그린 오늘의 점묘화는 시작과 끝이 있다. 지금은 버스에 앉아 소묘하는 시간, 정류장 몇 개에 걸쳐 「몽유夢遊」라는 시 한 편을 읽으며 내일이면 날아갈지 모를 시간인 오늘을 그렸다.

'내가 품은 온유, 네 시 삼십 분부터 사십 분 사이였다' 「온유」

오늘 내가 보낸 하루도 온화하고 부드러웠다. 그중 가장 빛났던 온유는 버스 안에 있었던 다섯 시 육 분부터 여섯 시 삼십육 분까지다. 버스 타고 한 시간 반, 시집 한 권 읽기에 적당한 시간이었다. 버스가 정류장에 멈춰 설 때마다, 시인이 넣지 않은 조연이 종종 들고 났다. 혼자이거나 여럿이거나, 조용하거나 부산스러운 조연들이 타고 내리는 동안 버스 안은 점점 나만의 아늑한 온유의 장소로 바뀌었다.

저녁 어스름에 탄 버스 안에서 읽기 시작한 시집, 마지막 편을 읽고 창밖을 보니 가로등 불이 반짝이기 시작했다. 왼손으로 책등을 받치고 오른손으로 표지 뒷장을 덮는데 내 손목쯤에 걸린 '만 이천 원'이라는 시집의 정가가 보였다. 두 대의 버스를 두고 오천 원과 만 원으로 비교했던 게 한 시간 반 전의 일이다. 그때 이 버스를 오천 원짜리 로또라고 여겼는데, 시집 한 권을 다 읽고 나서 만 원짜리로 생각이 바뀌었다. 만 이천 원짜리 시집 한 권을 버스 안에서 다 읽었으니 버스비 1,450원을 빼도 이만한 횡재가 없다. 체로키족이 말하는 '다른 세상의 달' 12월, 갑진년 한 해 마무리로 이만한 로또가 있을까 싶다.

(2024)

흡연권과 혐연권

터질 줄 알았다. 익명의 싸움이다. 흡연자가 흡연할 권리를 주장하고 나섰다. 금연 아파트 지정을 위해 동의서를 모으는 과정에 올라온 글이다. 하지만, 꾸준히 흡연자들의 주의를 요구하는 말들이 나왔었다. 우리 집도 화장실에서 담배 냄새가 나 인상을 찡그리길 여러 번이다. 옆 동에서는 위층 누군가의 집에서 투척한 꽁초 무더기가 아랫집 베란다 지붕을 뒤덮었다고 했다.

그런데 우연의 일치일까. 흡연권을 주장한 사람이 그 동에 사는 것 같다고 한다. 정말 그 사람인지도 모른다. 그는 이젠 주차장, 아파트 정원, 집안 어디서든 맘 놓고 피우겠다는 선언 아닌 선언을 할 정도로 화가 난 모양이다. 자세한 내막은 알 수 없으나 이웃과의 갈등도 있지 않았나 싶다.

흡연자가 별다른 제재 없이 담배를 피울 수 있다며 내세우는 흡연권은 사실, 기본권이나 혐연권에 비해 열등한 권리다. 흡연자는 속상하겠으나 비흡연자를 포함하여 흡연자의 건강과도 관련 있어서다. 건강에 좋은 거라면 담배 냄새를 피해 다니거나 숨을 참는 일은 하지 않을 거다. 그렇다고 흡연자를 무조건 혐오만 해서도 안 되겠지만 말이다.

이사한 지 석 달이 넘었다. 내가 사는 아파트 옆구리에는 큰 공원 두 개를 연결하는 오솔길이 있다. 직선이 아닌 구불구불한 오솔길을 걸으며 나무와 꽃을 보는 재미로 반려견과 함께 자주 산책했다. 길 중간쯤 맞은편 아파트 쪽문에서 나오는 곳에 긴 의자 두 개가 놓여 있다. 처음엔 의자에 잠시 앉기도 했는데 어느 날부터 피해 다니기 시작했다. 꽁초가 드문드문 보이기 시작하더니 몇 달이 지난 지금은 조금 과장하여 꽁초가 산을 이루었다. 거기다 테이크아웃 커피잔을 비롯하여 담뱃갑까지 버려지고 있다.

100미터 정도 떨어진 곳에는 초등학교와 중학교가 있다. 아이들이 등하굣길에 이런 모습을 본다고 생각하면 어른으로서 얼굴을 들 수 없다. 종량제 봉투를 들고 나가 쓸어 담고 싶은데 마음뿐이다. 오지랖이라는 말을 듣는 것보다 먼저 내게 그런 용기가 없는 까닭이다. 꽁초 통이 마련되어 있으니, 거기에 버리든가 아니면 불을 꺼서 집으로 가지고 들어가 버린다면 얼마나 좋을까. 이런 모습들이 흡연자를 혐오하는 시선으로 만드는 걸 텐데, 권리 주장과 함께 의무도 다했으면 좋겠다.

일부 지자체에서는 금연에 성공 지원금을 내걸기도 한다. 그만큼 금연하기가 힘들다는 이야기일 거다. 남편과 사위, 그리고 제부도 한때는 흡연자였다. 그런데 어느 날 칼로 무 자르듯 단번에 금연에 성공했다. 다들 독하다고 했다. 그중 가장 독하기로는 제부를 못 따라간다는 데 모두 동의한다. 금연을 선언하고 날마다 담배를 샀던 금액만큼 저금통장에 넣어 그 돈으로 딸 피아노를 사 준 일화는 지금도 회자한다.

건강을 이유로 금연했다가도 다시 피우는 사람 이야기를 여럿 들었다. 친구 남편은 금연해야만 태어날 손녀들을 볼 수 있다는 특단의 조치를 내세웠는데도 아기들이 돌을 한참 지난 지금까지 흡연자로 남아 있다. 그만큼 끊기가 힘들다는 담배, 이왕에 피우는 거 떳떳해지려면 공공에 피해를 주는 곳에서는 조심하면 좋겠다.

  지난번에는 몇몇 사람이 엘리베이터를 내리면서부터 담배를 입에 물고 나간다는 목격담이 여러 번 올라왔다. 흡연자의 권리 주장 아래 댓글에 댓글이 우후죽순처럼 솟아 올라왔다. 아무리 익명성이 보장된다지만 같은 아파트 주민으로서 더 심해지질 않길 바라는 마음으로 창을 닫았다.

  심란하여 오후에 다시 카페에 들어가 보니 오전에 올라왔던 글들이 모두 삭제되었다. 어쨌든, 원만히 잘 해결되길 바라며 어서 금연 아파트로 지정되어 흡연자들을 위한 흡연 부스도 정식으로 마련이 되면 좋겠다.

(2024)

갈피표로 읽은 사람 책

 올해 첫 폭염주의보는 6월 17일에 있었다. 최고 온도가 30도였던 그날, 해발 1,180미터의 천황산을 오르고 있었다. 습도도 높았으니, 체감온도는 더 했을 것이다. 8월인 요즈음은 날마다 35도를, 가뿐히 넘고 있다. 그러니 에어컨 없이는 견디기 어렵다. 그렇다고 기후 위기 생각에 에어컨을 종일 틀 수도 없다. 사실은, 먼 미래에 일보다 당장 다음 달 나올 전기세가 더 무서운지도 모른다.

 더위를 피하려고 도서관엘 갔다. 책 읽는 것과 조는 시간이 비례하지만, 그럴 땐 도서관 뒤편 근린공원을 걸으면 된다는 생각이었다. 2층으로 향하는 계단 서너 칸을 올랐을 뿐인데 등줄기에 흐르던 땀이 식어 서늘했다. 긴팔을 챙겨오길 잘했다는 생각이 들었다.

종합자료실 문을 열고 들어서다가 잠시 멍해졌다. 며칠 전만 해도 젖니 가는 아이의 이처럼 듬성듬성 빈자리가 있었는데, 오늘은 만석이다. 다양한 연령대의 사람이 책 속에 빠져있다. 모두 도서관으로 피서를 온 모양이다. 그래도 서고 사이 어딘가 낮은 의자 하나쯤은 있을 거라는 기대로 책을 고르기 시작했다. 골라든 책을 손에 들고 서고를 한 바퀴 돌았다. 빈자리가 없다. 할 수 없이 책을 대출하여 집으로 돌아왔다.

 미지근한 물로 샤워하고 선풍기를 켜니 견딜만하다. 먼저 한 시인의 산문집을 펼쳤다. 몇 페이지를 읽었을까. 책갈피에서 작은 종이 한 장이 툭, 떨어졌다. 51번이라는 열람실 좌석 번호가 찍혀있다. 5년이 지나 희미해졌으나 글자들이 아직도 선명하다. 빛 볼일 없는 책 속書中이라 바래지 않았던 걸까. 이름 석 자를 눈으로 읽었다. 남자인지 여자인지 알 수 없다. 중성적인 이름이다. 주말 오후 세 시쯤 들어와 여덟 시까지 도서관에 있었으니 청소년 아니면 직장인일 수 있겠다.

 중간쯤 읽었을 때 종이 하나가 또 나왔다. 이번엔 도서 대출증이다. 좀 전에 나온 좌석표와 대출증을 비교해 보니 같은 사람의 것이다. 열람실로 들어가기 삼십 분 전에 이 책을 빌렸나

보다. 문학 코너 어디쯤에서 읽다가 대출하여 열람실로 올라간 모양이다. 열람증과 대출증에서 시작한 시간 여행의 주인공이 어느새 내가 되어 있다. 반쯤 읽은 책을 덮으며 타인의 열람표와 대출표를 갈피표로 꽂아두었다. 이 책을 읽은 누군가도 나처럼 갈피표로 활용하고 그대로 반납했을지도 몰랐다.

며칠 후 다시 책을 펼쳤다. 구면이 된 이름 석 자, 한 페이지씩 넘기며 그, 또는 그녀의 시선을 따라가듯 글을 읽었다. 기행문을 읽는 동안 누군가와 함께 걷는 기분이 들었다. 어느새 9월이다. 대출증에 찍힌 5년 전 9월 1일을 찾아봤다. 토요일이었다. 수험생이었다면 그날 하루쯤은 휴식이 필요했을 수 있겠다. 직장인이라면 일주일 동안 쌓인 스트레스를 독서로 풀고 싶었을지도 모른다. 훌쩍 떠나기엔 공부와 직장에 매인 몸, 타인의 기행문은 대리만족으로 그만이었겠다. 다녀온 곳이었다면 더욱 공감할 수도 있다. 열람실 좌석을 저녁 여덟 시로 연장했으니, 오늘의 나처럼 그날의 독서가 꽤 만족스러웠을지도 모른다.

마지막 장을 덮은 날은 입추立秋였다. 한 권의 책으로 두 사람을 읽었던 그날, 하늘은 맑고 높아도 온도는 가마솥처럼 달아

올랐다. 입추 때는 벼 자라는 소리에 개가 짖을 정도라는데 오늘도 체감온도는 37도다. 아무리 귀 밝은 개라도 짖기를 포기할 것 같은 더위다. 입추에는 밤에 풀벌레 우는 소리가 들렸으니 오늘 밤은 기대해도 될까. 이제 눈에서 귀로 옮겨가는 독서의 시간을 기대하며 가는 여름을 잘 버텨봐야겠다.

(2023)

삼키는 말의 무게

 드라마를 보며 눈물을 흘린 건 오랜만이다. 삼켰던 말을 폭포수처럼 토해내며 통곡하는 연기자를 보며 같이 울었다. 자기 때문에 친구를 잃었다고 생각하는 사람이 수십 년간 죄인이 되어 슬픔을 드러내지 못하다가 터뜨리는 장면이다. 삼켜서 좋은 말도 있고 저렇게 삼켜서 슬픈 말도 있다. 타인을 향한 상처가 되는 말은 삼키는 게 좋은데, 그저 참아내느라 삼키고 만 말은 내게 상처로 남는다.

 살아오며 삼키고 말았던 말이 더러 있다. 아니다. 더러가 아니라 자주였을 거다. 삼키고 만 말噵은 대개 두 갈래의 물길이 되어 흐르거나 멈춘다. 멈추면 웅덩이가 아닌 돌덩이가 되고 그래도 흘려보내고 나면 후련하다.

명절을 맞아 친정에 가기 시작한 건 결혼하고 20여 년을 앞두고서야 가능했다. 처음엔 시댁에만 가는 걸 당연한 것으로 여겼다. 몸이 불편한 친정엄마는 혼자서 명절 준비를 하고 또, 혼자 차례를 지냈다. 엄마도 시댁에 가는 게 맞는 거라며 잘 있다 오라고 했다. 하지만, 난 해가 갈수록 불편한 마음이 풍선처럼 부풀었다. 그런데도 남편에게 대놓고 말하지 못했다. 열 시간 이상을 달려갔다가 길게는 스물네 시간이나 걸려 차를 타고 집으로 돌아오는 길, 충청도라는 이정표만 봐도 울적해졌다. 맏딸의 무게가 이런 건가 싶었다.

남편은 오 남매 중 넷째다. 아들로는 둘째인데 혼자만 수도권에 떨어져 산다. 전부 부산 근처 모여 살다 보니 명절이나 휴가 때 내려가야 모두 얼굴을 볼 수 있다. 이해는 하면서도 갈수록 명절에 친정으로 가고 싶은 마음이 커지는 만큼 가슴에 돌도 점점 자라 명치를 눌렀다.

어느 해 명절, 그 해엔 꼭 친정에 다녀가겠다고 말하려고 했다. 그런데 국을 끓이기 위해 다락에서 내려왔던 들통을 다시 올리던 어머니가 말씀하셨다.

"이제 내가 살면 얼마나 더 살겠노. 내년엔 저걸 꺼내 또 쓸 수나 있겠나."

그 말에 이번엔 친정에 다녀가면 안 되겠느냐는 말이 목구멍으로 쏙 들어갔다. 이후 남편에게라도 슬며시 운을 떼면 어머니가 했던 그 말을 상기시키곤 하니 입을 닫을 수밖에 없었다. 한편으로는 정말 그런 일이 생기면 내가 죄인이 될 것 같았다. "친정엔 평소에 가잖아."라는 그의 말은 위로가 되지 못했다.

그땐 그랬다. '평소와 명절이 같을 수 없지. 나도 한 번쯤은 명절에 혼자 계신 엄마한테 가고 싶다고' 삼키고 말았던 그 말은 내 안에서 돌이 되어 자랐다. 해마다 점점 무거워지는 돌을 매달고 시댁으로 달려갔다. '웃는 게 웃는 게 아니'라는 노랫말이 가슴에 절절하게 와닿았다. 어머니는 그런 내 속도 모르고 명절 아침이면 가까이 사는 손위 시누이에게 전화를 걸어 빨리 오라고 재촉하셨다. 그러고는 사위와 아들, 딸, 손주들을 이방 저방 빈틈없이 들어 앉히고 끼니마다 해준 음식을 먹는 모습을 보며 흐뭇해하셨다.

그러다 명절 중 한번은 친정으로 갈 수 있게 된 게 결혼하

18년이 지나서의 일이다. 그리고 다시 18년여가 지난 지금은 명절에 친정에도 시댁에도 가지 않는다. 어머니는 망백을 두 해 앞두고 계신다. 감나무와 겹동백이 수문장처럼 대문을 지키던 어머니의 집엔 다른 사람이 산다. 어머니는 막내아들 집에서 지내며 그 집을 그리워하신다. 가끔은 당신이 나그네 같다고 여기시는 것도 같다.

친정엄마는 거동이 더 불편해져 딸 셋이 번갈아 찾아간다. 지금은 남편이 먼저 장모님한테 가자는 말을 꺼낸다. 텃밭에 풀 베기를 비롯하여 마늘을 심고 캐는 일은 이제 이골이 날 정도로 맡아놓고 한다. 엄마는 그런 사위가 고마운지 갈 때마다 기름 넣으라고, 맛있는 것 사 먹으라고 봉투를 내민다. 그런 그의 모습을 보고 있으면 지난날 서운했던 마음에 상처가 아무는가 싶었는데 이 글을 쓰다 보니 완전히 사라지지는 않은 것 같다.

그때 내가 삼켰던 말을 그가 해주었다면 버려도 좋을 서운한 마음이다. 삼켜서 좋은 말도 있고 삼켜서 슬픈 말도 있다. 아마 내가 그에게 듣고 싶었던 말은 "그러게, 그때 왜 우리가 그 생각을 못 했나 몰라. 아주 속상했겠어."라는 말이 아니었을까.

삼키는 것만이 능사가 아니다. 가슴에 품고 참아왔던 말을 수십 년 만에 꺼내 산산이 부숴버리는 배우의 연기를 보며 카타르시스를 느낀다. 대리만족이다. 어쨌든, 글로라도 써놓고 보니 홀가분하다.

(2023)

와! 베토벤이다

 건널목 앞에서 신호가 바뀌길 기다리는데, 저만치서 두 남자가 흘끗흘끗 쳐다본다. 신경이 쓰인다. 좀 전에 건물에서 나오기 전에 화장실에 들렀던 터라 얼굴에 뭐가 묻었을 리는 없다. 옷이 문제인가. 옷도 크게 문제 있는 차림은 아니다. 아무래도 머리 때문인가 보다.

 흰머리로 다닌 지, 반년이 지났다. 나는 익숙해졌지만, 다른 사람은 그렇지 않은 것 같다. 며칠 전 산에 갔을 때도 그랬다. 산 아래까지는 썼던 모자를 나무 그늘이 드리운 시원한 등산로에서는 벗고 걸었다. 두 번째 오르막에서 숨을 고르며 천천히 걷고 있는데 뒤에서 뛰다시피 걷는 발소리가 들렸다. 길 한쪽으로 비켜서는 내게 지나가던 남자가 말했다.
 "대단하십니다. 이 더위에요."

"네? 네!"

그런데 뭐가 대단하다는 거지. 여자는 더운 날 산에 오면 안 되는 건가. 혼자 산에 왔다는 말인가. 그러다 뒤에서 내 흰머리를 보고 한 말이라는 걸 깨달았다. 뒷모습이 백발노인으로 보였나 보다. 짧은 흰머리를 그러모아 묶었으니 옛날 할머니들의 쪽 찐 머리 같았을 거고, 왜소한 몸피도 그렇게 보였을지 몰랐다.

나를 향한 사람들의 시선이 불편했다. 초등학교 때는 스스로 손들고 발표라는 걸 해 본 적이 없다. 몰라도 질문하지 않았고, 알아도 말하지 않았다. 이십 대 때는 땅만 보고 다녀서 친구들이 바닥에 돈이라도 떨어졌느냐고 묻기도 했다. 강의를 들으러 가서도 구석 자리를 선호했다. 그저 사람들의 관심이 거북했다. 그런 내가 요즈음 들어 사람들의 주의를 끌고 있다. 사방에서 느껴지는 눈길, 원인은 흰머리다.

서른 후반으로 들어서면서 흰머리가 생기기 시작했다. 마흔으로 들어서며 염색을 시작했다. '미혹되지 않는다는 나이'의 시작부터 무엇인가에 홀린 거다. 흰머리가 유전이라는데, 아무래도 엄마 쪽이 아닌가 싶다. 먼저, 내가 기억하는 외할머니는 검은 머리 한 올 없는 백발이었다. 그 흰머리를 함함하게 빗고 쪽을 지어 은비녀를 꽂았는데 말씀도 많지 않으셨고, 목소리도 조용해서 걸을 때는 마치 하얀 깃털처럼 보였다. 그런 할머니가 우리 집에 오시면 엄마를 보며 뒤돌아서서 우셨다고 했다. 할머니는 종기가 덧난 일곱 살짜리 맏딸을 업고 병원을 향해 대문을 나서다가 시어머니의 "그깟 종기에 무슨 병원이냐."라는 호통에 그대로 주저앉았다고 한다. 그게 평생 한으로 남는다며 우셨다는 할머니. 그래서 머리가 더 빨리 세었을까. 유순한 성품의 할머니와 달리 엄마는 강골이다. 일곱 살에 앓은 종기로 기역 모양의 다리를 얻은 엄마, 삼십 대에 불구의 몸으로 어린아이 셋을 키워내야 했으니 유순해서는 굶어 죽기 딱이었을 거다. 할머니와는 다른 아픔으로 생긴 엄마의 흰머리다.

20여 년, 내가 흰머리를 숨기려고 염색해 온 햇수다. 숨긴다기보다는 가린다는 말이 더 맞겠다. 염색하지 않으리라며 정해놓은 나이가 되어서도 주변 사람들의 만류로 실행에 옮기지 못했다. 해마다 '올해는'이라는 다짐만 하다가 몇 해가 지나서야 드디어 감행했다.

구순을 앞둔 친정엄마는 내 머리를 볼 때마다 "우리 딸, 진짜 할머니 되었네."라고 하신다. 올해 99세인 시어머니 머리도 백모다. 그런데 얼마 전에 뵈러 갔더니 목덜미 위 머리는 검었다. 회춘하신다고 반기면 좋을 텐데, 그 밝던 총기가 몇 달 사이에 흐려지고 계시다. 하루에도 몇 번씩 젊은 날의 어딘가로 떠났다가 돌아오곤 한다. 잠깐 지금으로 돌아온 어머니가 내 머리를 보더니 "내 머리보다 더 보얗네."라며 한참을 바라보셨다.

사실, 염색하지 않기로 하면서 가장 걱정했던 건 두 어머니보다는 흰머리로 만날 초등학교 친구들이었다. 그런데 긴장하며 초등학교 2학년 교실에 들어섰던 날, 친구들은 "와~ 베토벤이다!", "선생님, 머리 정말 멋있어요."라는 말로 나를 웃게 해줬다. 6학년 친구들은 "와~ 대박, 선생님 머리 개멋있어요."라는 소리를 했다. '개'라는 말이 기분 좋게 들리기는 처음이었다. 두 어머니도, 어린 친구들의 시선도 모두 쓸데없는 걱정에 불과했다.

사람들은 96%의 불필요한 걱정으로 마음의 평화와 기쁨, 웃음을 잃어버린 채 살아가고 있다는 글을 읽은 적이 있다. 그

걸 지금도 기억하고 있다는 건 절대로 발생하지 않을, 별로 신경 쓰지 않아도 될 걱정을 등에 매달고 지내서였을 거다.

어느새 건널목 불이 보행자 신호로 바뀌었다. 오늘따라 대각선 건널목의 하얀 실선이 나를 응원하는 것처럼 보인다. 두 남자의 시선을 뒤로 하고 의식적으로 어깨를 펴고 넘실넘실, 파도를 타듯 길을 건넜다.

(2025)

8개월을 기른 흰머리가 빛을 본 봄날 (2025)

사과 한 알

 지난주만 해도 여섯 개의 사과가 매달려 있더니 이젠 한 알만 남았다. 그마저도 빨간빛이 나는 부분을 새가 쪼아 먹었다. 새라도 맛을 봐서 다행이라며 사과나무를 올려다봤다. 사과꽃이 흐드러지게 피었던 봄이 꿈같다.

 3년 전만 해도 가지가 땅에 닿을 것처럼 사과가 많이 열렸었다. 그해, 반들반들 윤기가 흐르며 잘 커가던 사과들이 가을 낙엽처럼 우수수 바닥으로 떨어졌다. 누군가 흔들어 댄 듯 이파리도 성한 게 없고 떨어진 열매의 빛깔도 일주일 전과는 확연하게 달랐다.
 가지가 땅에 닿을 것 같다고 지지대까지 세워준 게 한 주 전의 일이었다. 그때 열매가 너무 많으니 솎아주라는 친정엄마의 말을 못 들은 척했다. 어느 걸 놔두고 어느 걸 솎아야 할지도 모르겠고, 그냥 자연에 맡기고 싶었다. 또 바람 불고 태풍이라도 오면 이겨내지 못할 열매도 있을 테니 그냥 두자는 생각이었다.

그렇게 바람이 솎아 내고 남아 있는 사과가 손에 꼽을 정도였다. 바닥에 떨어진 사과는, 운동회 때 하늘을 뒤덮고 날아오르던 오색 풍선 같았다. 오이와 호박 넝쿨은 여기저기 뒹구는 사과를 넓은 잎으로 감싸 안으며 새순을 뻗었다.

떨어진 사과를 일단 치우기로 했다. 퇴비장에 버리려니 거긴 이미 호박 넝쿨이 자리를 차지해 쉽지 않았다. 엄마는 자루에 담아 놓으면 포강에 버린다고 하셨다. 작은 연못, 그곳은 물방개와 가물치가 헤엄치던 곳인데, 이제 주변에서 버린 농작물 쓰레기로 죽은 못이 되었다. 그러니 거긴 버리고 싶지 않았다.

남편과 사과나무 아래 묻는 쪽으로 의견을 모았다. 썩으면 나무에 거름이 될 거라는 생각이었다. 사과나무 아래 서너 개의 구덩이를 팠다. 플라스틱 대야에 바닥에 떨어진 사과를 주워 담았다. 빛깔과 모양이 제각각인 사과가 대야에 가득 찼다. 몇 개의 구덩이 속으로 백여 개의 사과를 쏟아 넣었다. 사과 융단이 깔렸던 사과나무 아래가 맨흙을 드러냈다. 사과 묻은 자리를 두 발로 꾹꾹 밟아줬다. 그 위로 치워뒀던 호박과 오이 넝

쿨을 끌어다 놓으니 사과나무 아래가 다시 녹색으로 변했다. 나무를 올려다보니 땅속으로 들어간 것보다 남은 사과 헤아리기가 더 쉬웠다.

올해는 작년보다 유난히 덥다. 올해가 가장 시원할 해일 거라는 말도 들린다. 두렵다. 이대로 지구 온도가 올라가면 몇십 년 후엔 우리나라에서 사과나무 보기도 힘들다고 한다. 더위에 제대로 익지 못하여 하얀색으로 변한 사과가 이미 나타나고 있는 소식도 들린다.

그동안 볼 수 없었던 벌레도 나타났다. 미국흰불나방이라는 벌레는 뽕나무와 겹벚나무에 이어 감나무 등 넓은잎나무를 초토화하고 블루베리며 아로니아 잎까지 남김없이 갉아 먹었다. 작년에는 나무밭에서 멀리 떨어진 겹벚나무는 무사했는데, 올해는 가지만 남았다. 남편이 벌레를 하나하나 잡아도 보고 약을 쳐보기도 하는 것 같은데, 그때뿐인 것 같다. 벌레는 5월부터 슬금슬금 나타나 8월까지 줄기차게 활동한다. 이 벌레가 우리나라에 들어온 건 1950년대라는데, 왜 지금 난리인 걸까. 기후변화와 무관하지 않은 이유다.

올해는 블루베리 수확도 제대로 못 했다. 이로운 벌레도 무서운데, 미국흰불나방은 해충인 데다 쐐기 같은 생김새만 봐도 소름이 돋아서 가까이 가지 않는다. 몸에 닿으면 피부병을 일으키기도 한다는 미국흰불나방. 다섯 그루의 블루베리 열매가 그대로 말라가기는 올해가 처음일 거다.

멀리서도 사과나무 아래 호박잎에 까만 벌레 똥이 쌓여 있는 게 보인다. 마치 비료라도 뿌린 것 같다. 열 살을 넘긴 사과나무의 껍질도 매끄럽지 않은 걸 보니 기대 수명 근처에도 못 갈 모양이다. 제대로 된 사과 맛을 못 봐도 봄에 꽃 보는 것만으로도 좋았는데, 올해는 사과나무가 우리의 무지와 벌레의 공격에 기후 위기까지 닥쳐 수난을 겪고 있다. 나무 몇 그루 없는 우리 집만의 문제는 아니다. 길을 가다 보면 벌레가 다 갉아 먹어 황량한 모습의 벚나무가 자주 보인다. 삭정이만 남은 것 같은 가로수를 보면 땅이 꺼질 듯한 한숨이 나온다. 한해 한해 다른 일기는 환경과 무관하지 않을 거다. 그동안 우린 너무 편하고 예쁜 것만 찾아 누렸다.

직박구리의 간식이 된 사과 한 알, 몸살 앓는 지구와 닮았다.

(2025)

100년 후면 이런 사과도 볼 수 없을 거라는데 (2025)

걷다

...

빈 주머니에 넣어온 느낌표들

여름 손님

새된 소리에 가던 길을 멈췄다. 스트로브잣나무 뒤편으로 밤나무와 참나무가 섞인 숲에서 나는 소리다. 까마귀와 꾀꼬리 두 마리, 다급한 울음소리가 심상치 않다. 잠시 후, 까마귀는 건너편 숲으로 화살처럼 날아갔고 꾀꼬리 두 마리도 밤나무 가지로 숨어들었다. 까마귀가 텃세를 부리나 싶었는데 반대인 모양이다.

부부인 듯한 꾀꼬리 한 쌍이 밤나무 우듬지 주변 가지에서 계속 움직인다. 아마, 거기 어디쯤 둥지를 틀고 알을 낳았거나 새끼를 기르는 중인 것 같다. 까마귀가 꾀꼬리 둥지 속의 알이나 어린 새를 탐낸 게 분명하다. 한 마리는 가지에서 가지로 옮겨 다니며 주변을 살피고 한 마리는 노란 깃털을 살짝살짝 보이며 같은 곳을 맴돈다.

이곳 숲정이에는 꾀꼬리가 많이 찾아온다. 올해는 꾀꼬리 소리로 보아 작년보다 더 많은 개체 수가 머무는 것 같다. 주변에 농경지도 있고 맹꽁이 서식지인 습지도 있어 먹이가 풍부하다고 소문이라도 난 걸까. 공원과 오솔길이 있어 사람들 왕래가 잦아도 키 작은 나무보다는 키 큰 나무가 많고 잎이 우거지니 꾀꼬리가 들기에는 안성맞춤이다.

숲길을 걸으면 음악처럼 깔리는 온갖 새소리, 그중에서도 맑고 예쁘기로 꾀꼬리 울음소리가 단연 으뜸이다. 하지만, 그 고운 모습을 보기란 여간해서 쉽지 않다. 키 큰 나무 우듬지 쪽 가지에 둥지를 틀고 높은 곳에서만 날아다니는 까닭이다. 그렇게 높은 곳에 집을 짓지만, 천적이 아예 없는 것은 아니다. 맹금류를 포함하여 뱀도 있고 고양이로부터도 안전하지는 않다.

가끔은 사람도 위험하다. 꾀꼬리 둥지 사진을 찍겠다고 나뭇가지를 다 잘라냈다는 기사를 본 적이 있다. 영상을 보니 비에 젖은 부모 새가 부지런히 먹이를 잡아다 새끼의 입에 넣어주고 있었다. 은폐물이었던 나뭇가지가 사라지니 둥지가 훤히 드러났다. 새끼 중 몇 마리는 저체온증이나 열사병으로 이미 죽었다고 하는데, 나머지 새끼 새도 위험해 보이기는 마찬가지였다. 위장막이나 위장이 가능한 텐트도 없이 모인 사람들,

대체 무엇을 찍고 싶었던 걸까.

여름 철새인 꾀꼬리는 우리나라 기후변화 생물지표종에 포함된 조류 중 하나다. 2010년 정부에서는 '국민이 관찰하고 구별하기에 쉽고 기후변화 예측에 유리한 이동성이 큰 곤충과 생물계절이 뚜렷한' 100종을 기후변화 생물지표종으로 선정했다. 이후 2017년에는 100종에 후보 30종을 추가로 다시 정했다. 우리가 관찰하고 구별하기에 쉬운 왜가리를 비롯하여 제비와 동박새, 쇠물닭, 뻐꾸기, 쇠백로까지 내가 자주 보는 새 몇 종이 포함된 이유가 거기 있다.

둥지를 지키려는 사투를 봐서일까. 오늘 내가 본 꾀꼬리는 유리왕의 「황조가黃鳥歌」나 단원 김홍도가 그린 〈마상청앵도馬上聽鶯圖〉에 나오는 서정적인 모습으로 기억하는 꾀꼬리와는 사뭇 달랐다. 둥지를 지키려는 사투와 밤나무 가지 뒤에서 이리저리 움직이는 꾀꼬리의 날갯짓에 묻어 있던 불안이 그랬다. 조금 전에는 까마귀를 몰아냈지만, 주변에서 얼쩡대는 까치도 안전한 이웃은 아닌 것 같다. 꾀꼬리는 서른두 가지나 되는, 다양한 굴림소리를 낸다고 한다. 아까 까마귀를 쫓아낼 때의 다

급한 소리도 그중 하나였겠다.

  다음 산책길에는 꾀꼬리 소리에 조금 더 집중해 봐야겠다. 이제 여름 손님인 꾀꼬리 소리 들을 날도 기껏해야 한두 달 정도 남았을까. 그렇게 생각하니 또 망원경 생각이 난다. 망원경을 사야겠다는 다짐을 한 지 7년째, 그때의 마음을 잊지 않았나 보다.

(2025)

노란 깃털을 살짝살짝 보이며 둥지를 지키는 꾀꼬리 (2025)

보리수, 보리수, 보리수

 염불사를 찾았다. 몇 년 만에 왔는데, 변하지 않은 절의 모습이 반갑다. 대웅전 앞에 고목 한 그루가 세찬 비를 맞으며 우뚝 서 있다. 오래전 태풍에 입은 큰 상처로 가지 한쪽이 비어 보이나 그동안 품이 더 넓어진 것 같다. 14세기쯤 절에서 불도를 닦던 스님이 심은 수령 600여 년의 보리수라고 한다.

 보리수나무 잎은 조금 찌그러진 하트 모양인데 나무 아래 떨어진 잎은 밤나무 잎처럼 길쭉하다. 주워서 보니 메주콩보다 더 작은 열매가 기다란 잎을 등에 지고 두서넛씩 매달려 있다. 한 나무에 서로 다른 모양의 잎이 달린 건 처음 본다. 궁금하여 찾아보니 길쭉한 잎은 열매가 떨어질 때도 함께하는 포(苞)라고 한다. 내가 알고 있는 보리수나무들과 다른 모습이다.

 불면으로 고생할 때, 잠을 부르는 수단 중 하나가 무엇이든 불러보는 거였다. 나무, 꽃, 산 또는 시 몇 편을 더듬더듬 찾아 외웠다. 가끔은 잠이 더 달아나기도 하고 더러는 나도 모르게 그들, 또는 그것을 부르다 스르르 잠들기도 했다. 그러니 나만의 처방이 영 헛일은 아니었다. 간간이, 이름은 같은데 다른 나무인 것들이 몇 개 있었다. 보리수도 그중 하나다. 내가 불렀던 순서는 보리수, 보리수, 보리수였다. 이름은 같았으나 기억하는 모습들은 모두 다르다.

첫 번째 보리수는 가을에 산에 가면 빨갛게 익은 열매를 심심찮게 따먹을 수 있었던 나무다. 팥알과 녹두 같은 열매를 매단 나무를 우리는 '뽀로수'라고 불렀다. 보리똥이라고도 불렀고 누구는 파리똥이라 부르기도 했다. 뽀로수라고 불렀던 보리수가 우리나라에서만 부르는 이름이라는 걸 식물 공부를 하며 알게 되었다. 집 앞 공원에도 팥알만 한 열매를 다닥다닥 매달아 가지가 늘어진 보리수나무가 있다. 반가워서 갈 때마다 안부를 묻듯 나무를 살피곤 한다.

화담숲 뒷산을 걷다가 같은 나무를 만난 적이 있다. 빨갛게 익은 열매를 보며 함께 간 동생과 마주 보며 웃었다. 말은 하지 않았지만 서로 같은 추억을 떠올렸다는 게 느껴졌다. 아버지

산소는 낮은 산자락에 있었는데 추석 때 성묘하러 오솔길로 들어서면 키 작은 보리수나무가 먼저 반겼다. 다 익은 열매를 한 주먹씩 따먹고 산소로 향했다. 지금은 아버지 누우셨던 무덤은 사라졌어도, 산이 사라지지 않았으니, 나무의 둥치는 더 자랐겠다. 낮은 언덕에 서 있는 나무로 바짝 다가가 까치발을 하고 서서 열매를 몇 개 따서 입에 넣었다. 시큼털털한, 그리고 떫은 뒷맛이 반가웠다.

 두 번째는 뜰보리수다. 6월이면 먹음직스럽게 익은 빨간 열매가 눈길을 끄는 나무다. 몇 년 동안 모락산에 오르느라 지나다녔던 계원예대 교정에도 아름드리 뜰보리수가 있었다. 정원 안쪽이라 꽃을 자세히 볼 수 없었으나 열매가 붉게 익으면 꽃보다 고왔다. 열매가 익어갈 땐 부러 그길로 가서 느릿느릿 걸었다. 그때 나무 이름을 찾아보고 뜰보리수라는 걸 알았다. 또 여주의 시골 마을 담벼락에 기대 자라던 뜰보리수의 추억도 생생하다. 지나는 이의 시선을 잡아뒀던 뜰보리수 열매는 참 달았다. 친구랑 같이 걸으며 도란도란 나눴던 이야기 덕분이었는지도 모른다.

 내가 사는 아파트에도 뜰보리수가 몇 그루 있다. 작은 꽃을 피울 땐 멈춰서서 꽃을 보기도 한다. 꽃이 지고 열매가 자라는 걸 보고 싶지만, 그 시기에 가지치기를 하여 한 번도 익은 열매는 본 적이 없다.

최근 읽은 최은영 작가의 소설 『쇼코의 미소』 중 「한지와 영주」에도 보리수가 몇 번 등장한다. 영주가 지내는 수도원, 수사들의 묘지 아래쪽 언덕이라고 자세히 써놓았다. 한지와 늦은 밤까지 이야기를 나눌 때도 보리수 향이 난다고 했는데 어떤 보리수나무였는지 무척 궁금했다. 한지와 영주가 헤어지는 걸 보며 뜰보리수는 아니겠다 싶기도 했다. 뜰보리수 꽃말이 '부부의 사랑'이라는 게 기억나서다.

세 번째로 불렀던 보리수는 부처님이 그 아래서 깨달음을 얻었다는 나무다. 그런데 부처님이 깨달음을 얻은 나무는 인도보리수로 우리나라에서는 키우기 어렵다고 한다. 동남아산인 인도보리수가 환경에 적응하지 못하니 중국 원산인 보리자나무를 심으면서 보리수라 불렀단다. 국내에는 인도에서 기증받은 두 그루 정도가 있다. 국립수목원 온실에서 인도보리수에 대한 해설을 들으며 제대로 정리가 되었다. 그러니 사찰에서 볼 수 있는 '보리수'는 정확히는 보리자나무일 확률이 높다는 소리다. 하지만, 보리자나무 열매로 염주를 만들 수 있다고 하니 어떤 식으로든 깨달음을 주는 나무다.

비가 잦아들어 우산을 접고 나무를 올려다봤다. 나무 주변에 걸어둔 소원지 모양과 똑같은 잎이 무성하다. 잎은 앞뒤 색깔이 다르다. 거기다 자잘한 열매와 열매를 매단 포抱까지 다양한 모습을 살피는 묘미가 있는 나무다. 보리자나무꽃에서는 향기도 난다고 하니 내년엔 꽃이 필 때 꼭 와봐야겠다.

나무 아래 떨어진 열매를 주워다 책장 위에 올려뒀다. 열매는 바싹하게 마른 포抱에 매달려 돌처럼 딱딱해졌다. 이젠 불면의 밤에 보리수, 보리수, 보리수 하고 외던 것을 염불사에 다녀오고부터는 보리수, 뜰보리수, 보리자, 인도보리수로 부르며 잠을 청하고 있다.

(2022)

포䉣에 매달린 채 바싹 마른 보리자나무 열매 (2022)

돌멩이

 염소 뿔도 물러 빠지고 소뿔도 꼬부라진다는 한여름에 캠핑을 떠났다. 몇 년 만이다. 집 떠나는 걸 즐기긴 하지만, 캠핑은 순위 밖이다. 아무것도 하지 않아도 된다는 남편의 말에 따라 나섰지만, 더위라는 복병은 예상 못 했다. 일단, 남자들이 텐트 치는 동안 여자들은 시원한 물가로 피신했다.

 계곡엔 너럭바위를 휘돌아 내려온 물이 군데군데 소를 만들 정도로 물이 제법 흘렀다. 물에 들어가니 발목에 닿던 깊이가 주르륵 미끄러지며 무릎쯤 닿았다. 거울처럼 투명한 물속을 들여다보니 계곡 상류라 모래보다는 크고 작은 자갈돌 세상이다. 바위도 돌도 얼마나 오랜 시간 구르고 씻겼는지 모두 모서리 없이 매끄럽다. 너럭바위 끝자락에 궁둥이를 붙이고 앉아 물속의 돌멩이를 하나씩 꺼내 봤다.

손 안에 쏙 들어오는 저마다 생김새가 다른 돌멩이를 보고 있으니 장석남 시인의 「돌멩이들」이라는 시가 생각났다. 돌멩이들을 주워다가 책상 위, 읽던 책갈피, 세간 기울어진 자리에 쉼터를 만들어 주고 잠 안 오는 밤에 그것들을 쳐다보다가 맨 처음 돌멩이 있던 자리까지 궁금해한다는 내용이다.

또 다른 시에서는 '저기 뒹구는' 돌멩이도 있고, '돌 가웃 된 아기의 주먹만 한' 돌멩이도 있다고 했다. 어떤 시에서는 아이가 주워 온 두어 개의 자갈에 들어가 '뼈를 안고 잠든다'라고도 노래했다. 시인은 '길이 바위가 되었다가 다시 길이 되는'이라고 하며 그 바위에 귀를 대고 대답을 구해보기도 한다고 했다. 아주 오래전 시인이 바위 속으로 난 길 이야기를 했던 게, 아마 시집 『젖은 눈』을 염두에 두고 한 이야기가 아니었나 싶다. 그래서였을까. 시집을 읽는데 유난히 '돌'이 자주 눈에 띄었다.

너럭바위에 앉아 있으니 십수 년 전, 바위에 귀를 대고 대답을 구해보기도 한다는 시인의 말이 물소리처럼 생생하다. 갈라진 바위틈에 귀를 대고 말하면 정말로 바위의 대답이 들릴 것도 같다. 지난해 시인의 강연을 다시 들었다. 여전히 차분하고 느린 어조로 말하는 시인을 보며 지금도 돌멩이, 바위를 마음에 품고 있는지 궁금했다. 물어보지는 못한 말이다.

바위는 아니어도 돌멩이를 반려로 곁에 두는 사람들이 있다. 2021년에 아이돌 가수가 자신의 반려돌을 공개하며 관심을 끌기 시작했다. 지금은 반려돌, 애완돌, 펫락, 펫스톤이라는 이름을 내걸고 온갖 치장을 한 돌멩이를 판매한다. 심지어 돌에 이름을 지어 주거나 옷도 입힌다. 한 배우는 작은 조약돌에 밀짚모자까지 씌워주며 뿌듯해하는 얼굴로 친구에게 예쁘지 않으냐고 묻는데, 그 얼굴이 참 해맑았다.

반려견이나 반려묘를 가족처럼 여기며 함께 살려면 보살핌이 필요하다. 먹이고 씻기고 용변 뒤처리도, 강아지라면 가끔은 산책도 시키고 놀아 주기도 해야 한다. 식물도 마찬가지다. 적당한 시기에 맞춰 물을 주거나 빛과 바람도 쐬줘야 한다. 자기 일을 하며 혼자 사는 사람에게 그런 일은 노동 같을 수도 있다. 하지만, 반려돌은 그럴 필요가 없다. 이름을 지어 주고 '반려'라는 이름에 맞게 곁에 두고 고민을 나누면 된다. 나누기보다는 넋두리하기에 안성맞춤이다. 생각이 여기까지 이르니 커다란 돌덩이의 한 부분이었을 작은 돌멩이들이 마치 바위의 귀 같고 눈 같다.

그날 밤, 텐트에 누워서 밤새 바위와 돌멩이들의 노래를 들으며 자다 깨기를 반복했다. 다음 날, 차에 짐을 싣는데 자동차 뒷좌석에 나보다 먼저 돌멩이 하나가 동그마니 앉아 있었다. 동글 납작한 돌멩이가 작은 내 손안에 쏙 들어왔다. 돌멩이에 발이 달렸을 리도 없는데 싶어 고개를 갸웃하는 내게 지인이 자기가 챙긴 거라고 말했다.

지인 부부는 주말마다 산행이나 여행을 즐긴다. 처음엔 낮은 산도 힘들어하던 그녀가 이제는 웬만한 산은 제법 탄다. 사진 찍기를 즐기는 그녀가 백 개의 산에 오르는 걸 목표로 삼더니 가는 곳마다 인증 사진을 찍어서 남겼다. 거기다 다녀온 여행지를 기억하려고 챙기기 시작한 게 돌멩이라고 한다. 잘 닦아서 돌을 챙겨온 곳과 날짜를 적어 둔다고, 하는데 내겐 '돌의 고향'을 적는다는 말로 들렸다.

고향이라고 하니 돌이 생물처럼 느껴졌다. 아까는 그저 하나의 돌멩이에 불과했는데, 그녀 이야기를 듣고 보니 한밤중에 조약돌에 귀를 대면 계곡 물소리라도 들릴 것 같았다. 그녀의 집에 있을 서로 다른 지역의 돌멩이들. 오늘은 제천의 한 계곡을 고향으로 둔 돌멩이가 새로운 이웃을 만나겠다. 시인이 돌을 쓰다듬으며 맨 처음 돌이 있는 그곳을 떠올리듯, 그녀도 이곳에서 챙겨 간 돌멩이를 보며 지난밤 두통으로 힘들어했던 시간을 떠올릴지도 모르겠다.

(2024)

그날 덕동계곡의 시간은 느리게 흘렀다 (2024)

긴 머리와 민머리 사이, 그 어디쯤

 어제 전화를 해야 했다. 오늘 약속을 다음 주로 미루자는 말을. 오전 볼일을 보고는 배가 고프니 점심부터 먹자며 연락을 미뤘다. 오후 일정을 마치고 집에 돌아와서는 저녁 준비부터 하느라고 통화를 뒤로 물렸다. 그러다가 늦은 밤을 맞았다. 결국, 연락할 때를 놓치고 말았다.

 기상예보대로 새벽부터 눈이 내리기 시작했다. 아침이 되니 온 세상이 하얗게 변했다. 휘어진 소나무 가지가 곧 부러질 것 같은데, 눈은 늦은 밤에나 그칠 예정이라고 한다. 중무장하고 집을 나섰다. 마스크는 기본이고 장갑과 모자에, 목도리를 턱까지 감싸 올렸다. 마지막엔 신발장 깊숙이 넣어두었던 장화도 꺼내 신었다. 우산까지 들고 거울에 비친 차림새를 보니 보이는 거라고는 눈밖에 없다.

길은 온통 빙판으로 변했다. 다져진 눈 위를 달팽이처럼 느릿느릿 걸었다. 간수가 빠지기 전의 하얀 소금 같은 눈이 우산을 비롯하여 나무와 도로, 건물 지붕 위로 내려앉았다. 살얼음 위를 걷듯 조심했는데도 엉덩방아를 찧을 뻔했다. 평소 같으면 눈썹이 휘날리도록 걸었을 길인데 거북이처럼 기어서 도착했다. 다행히 큰 도로는 제설 작업을 마쳐 차가 금방 왔다. 빈 자리도 많아 편안하게 앉아서 갔다. 버스를 갈아탈 정류장에 내려서 전광판을 보니 차가 5분 후 도착에 혼잡도는 '여유'다. 그런데 타고 보니 안내문과 달리 서 있는 사람이 많다. 전 정류장에서 여러 명이 탔나 보다.

 한 정거장이나 갔을까. 내 앞에 앉았던 사람이 슬그머니, 아니 엉거주춤 일어났다. 이번에 내리나 싶어 옆으로 비켜섰다. 그런데 버스가 정차해도 내리지 않고 내 옆에 계속 서 있다. '나더러 앉으라는 거였나?' 살짝 고개를 돌려봤지만, 그녀가 창밖을 보고 있으니 눈 맞춤이 어렵다.

 의자 등받이에 '노약자와 임산부를 위한 자리'라는 노란색 글자만 도드라져 보였다. 아무래도 그녀가 내게 자리를 양보한 것 같다는 생각이 들었다. 그녀는 '노약자석'이라는 안내문이 등을 찌르는 밤송이 같았을까. 그렇게 꽁꽁 싸매도 내 나이를 속일 수 없었거나, 약자로 보였거나 둘 중 하나겠다. 나는 중년도 노년도 아닌 어정쩡한 어디쯤을 지나고 있는 나이이다. 그러니 노약자는 아니라고 생각하지만, 나보다 젊어 보이는 그녀에게는 자리를 양보해야 할 대상으로 보였는지도 모른다. 내어준 빈자리에 앉을 때를 놓치니 머쓱하기 그지없다. 모든 일이 다 때가 있는데, 아무래도 한 박자 늦은 것 같다.

그동안 자리 양보를 받은 적이 아예 없었던 건 아니었다. 그렇다고 괜찮다며 다 사양하지도 않았다. 무거운 책가방을 안고 있는 학생으로부터 양보받았던 때도 있다. 그때 자리에 앉아서 미안한 마음을 덜어냈던 건 묵직한 장바구니였다. 그리고 염색 후 자라 나온 흰머리였다. 자리를 양보하고 일어선 학생의 눈높이에 내 하얀 정수리가 보였을 거다. 몸이 아프거나 힘들어서 노약자석에 앉기도 했다. 그러다 더러는 일어나기도 했고 정말 내가 아플 땐 그저 창밖을 보거나 다른 사람이 먼저 양보해 주기를 바란 적도 있다.

버스를 타면 앞자리가 아닌 중간이나 뒷자리를 선호한다. 혼잡해질 것을 생각해 내리기 편한 위치를 찾는 이유도 있지만, 노약자석에 앉았다가 자리 양보가 필요한 사람이 타면 일어나는 것이 불편한 이유도 있다. 또 정류장마다 타는 사람을 보고 양보해야 할 대상이 겉모습만으로 가늠이 안 되는 점도 있어서다.

버스나 전철에서 젊은 사람 앞에 서서 자리 양보를 바라는 분들을 가끔 본다. 대개는 어르신이 타자마자 일어나 자리를 양보하지만, 가끔 피곤해서 졸거나 휴대전화기를 보느라 앞에 누가 있는지 모를 때도 있다. 간혹 헛기침으로 일어나 달라는 신호를 보내는 어르신도 있다. 종일 업무에 지쳐 무릎 위에 올려놓은 손가방을 떨어뜨려도 모를 만큼 꾸벅꾸벅 조는 젊은이 앞에서 그럴 땐 내가 다 민망하다. 반대로 백발의 어르신이 엄마 손을 잡은 꼬마 아이에게 자리를 양보하는 모습을 보면 나도 모르게 입꼬리가 올라간다. 누군가 '노인'과 '어른'의 다른 점을 말했다던데, 그이 말대로 본다면 전자는 노인이고 후자는 어른이 맞겠다.

어색한 분위기를 잊으려 이런저런 생각을 하다 보니, 손님 없는 정거장을 멈추지 않고 달리던 버스가 서더니 몇 사람이 탔다. 빈자리가 보이도록 슬그머니 옆으로 비켜섰다. 한 사람이 그녀와 나, 둘 사이의 빈자리를 채웠다. 내 느낌이었을까. 그녀와 나 사이의 공기가 가벼워진 것 같았다. 마스크 안으로 긴 안도의 숨을 내쉬었다.

앞으로 몇 정거장만 가면 되니 괜찮다고 말하지 못한 건 그녀가 내리는 줄 알아서였다. 나중에라도 말했으면 좋았을 텐데. 그녀가 앉지 않으면 내가 앉는 것이 배려였을지도 모르는데, 어제부터 자꾸만 '때'를 놓치고 있다. 비단 어제, 오늘의 일이 아니다. 기회와 시간의 중요성을 알려주는 카이로스의 긴 머리와 민머리 사이, 그 어디쯤에서 헤매는 일이 어디 한두 번이던가.

(2025)

나의 정원, 물향기 수목원

병원에서 진료를 받느라 한나절을 보냈다. 주치의를 만난 건 겨우 2분이다. 기다리느라 지루했고 어깨를 짓누르는 무거운 결과까지, 내게 무엇으로든 보상해야 했다. 그곳에 가고 싶은 이유를 억지로 만들었다고 해도 지나친 말이 아니다. 한 달에 네 번을 왔으니, 어지간히 궁금했던 모양이다. 두 번은 혼자서, 두 번은 서로 다른 지인과 함께였다. 처음 왔을 때는 아직 싹이 올라올 기미가 보이지 않는 땅을 바라보며 혼잣말도 했다. 언제쯤 보여줄 수 있느냐고 물었던 것도 같다. 식물에 말을 거는 이상한 사람이 되고 싶지 않아 작은 목소리로 중얼중얼했지만 말이다.

봄이 가까이 왔다는 게 느껴지면 몸과 마음이 굼틀굼틀한다. 땅을 뚫고 올라온 새싹이 보고 싶어서다. 새싹이야 어디서

든 볼 수 있으나 몇몇 꽃은 어디서나 볼 수 없다. 더구나 그들이 움직일 수 없으니 보고 싶은 내가 시간을 내야 한다. 이사 오기 전에는 바람꽃이 있는 수리산으로, 피나물이나 괭이눈을 보려고 청계산으로, 또는 새끼노루귀를 보기 위해 구름산을 수시로 오르락내리락했다. 몇 해는 친구와 멀리 남양주며 단양까지 달려가기도 했다.

그때가 좋았다. 둘이, 셋이 의기투합해 두 발에 모터라도 단 듯이 종종거리며 다니던 그때가 그립다. 꽃은 때가 되면 피는데, 이제 우리는 앉은 자리에서 소식을 듣는 일이 잦다. 그러니 집에서 가까운 수목원을 문턱이 닳도록 드나든다. 그건 겨우내 무겁게 가라앉아 지쳐있던 내 몸을 깨우는 의식이기도 하다.

드디어 '나의 정원'이라 부르는 수목원에 도착했다. 나목으로 우뚝했던 몇몇 나무들의 이름을 하나씩 부르며 오솔길을 걷는다. 느릅, 박쥐, 안개, 은사시를 거쳐 오늘 꼭 보고 가야 할 식물을 찾아 샛길로 들어섰다. 이곳 쥐똥나무 길로 들어서며 꼭 큰구슬붕이의 안부를 묻는다. 나뭇잎이 푸르를 때나 되어야 필 꽃이란 걸 알면서도 땅속 어딘가에 있다는 것만으로 마음이 설렌다. 쥐똥나무 터널이 끝날 때까지 땅만 보고 가다가 백합나무 마른 꽃대를 봤다.

이 길은 키 작은 쥐똥나무도 좋지만, 백합나무를 올려다보며 꽃을 찾는 것도 좋은 길이다. 블루베리 식재지를 지나 단풍나무 숲으로 가기 전에 다시 야생화 단지로 내려선다. 처음부터 있었던 것도, 옮겨 심은 것도 있을 야생화의 이름표를 눈으로 읽는다.

다시 전망대를 눈앞에 두고 걷다가 단풍나무 사잇길로 내려와 삼색 버드나무와 작은 연못을 돌아 수생식물원으로 내려선다. 수국이 필 때는 잊지 않고 걸어야 할 길이다. 빈도리와 황금조팝, 만첩빈도리가 필 때도 놓치지 않고 찾는다. 연못을 끼고 돌아 박태기나무를 지나 분꽃나무와 매자나무를 보고 주변을 살핀다. 이 주변엔 복수초가 살고 있다. 자라거나 피는 것이 아니라 산다고 말하는 건 해마다 만나러 오기 때문이다. 눈을 뚫고, 또는 낙엽 사이로 올라온 노란 꽃을 보고 있으면 내가 얼음이 된다. 지난번에 싹을 내밀기 시작한 걸 보고 갔는데 일주일 사이에 여기저기 노란 등을 걸어두었다.

두근거리는 가슴을 달래며 한참을 바라보다가 아쉬운 마음을 달래며 일어섰다. 이제 길마가지 노란 꽃의 안부를 확인하고 돌아 나와 말채나무와 소사나무를 지나 병아리꽃나무와 털설구화 길을 지나 메타세쿼이아길로 들어선다. 막다른 길을 조금 앞두고 이번엔 연못 위 덱으로 들어선다. 관중과 앵초를 비롯하여 산수국 등을 만날 수 있는 길이다.

  작은 연못을 지나 전망대로 향하는 언덕길에서는 좀 더 천천히 걷는다. 오른편 길섶을 살펴야 해서다. 몇 해 전 잔디밭 쉼터를 지나다 처음 만난 작은 꽃, 설강화가 있는 곳이다. 올해는 아직 잠 깰 기미가 없다. 그렇다고 서운해하지 않아도 된다. 왜냐하면 '한국의 소나무원' 맞은편엔 복수초 마당이 있어서다. 지금은 딱 한 송이만 피었다. 가을엔 억새밭에 기생하는 야고가 보랏빛 등을 촘촘하게 내거는 곳인데, 봄에는 복수초 마당이 된다.

  이번엔 오른편 오솔길, 노루귀가 피는 방향으로 길을 잡는다. 만첩빈도리가 예쁜 길이다. 길이 소란스럽다. 벌써 꽃이 피었나 했더니 장년 남성 서너 명이 음식을 먹고 있다. 음식을 먹는 자리는 정해져 있는데 이곳에서 그것도 술병까지, 떡하니 내놓고 드시니 보기 민망하다. 이곳의 노루귀와 복수초가 고개를 내밀다 도로 땅속으로 들어가는 건 아닌지 모르겠다.

아쉬운 대로 분재원으로 향하다가 규화석 앞 잔디밭에서 드디어 설강화 몇 송이를 만났다. 양지쪽에 드문드문 고개를 내밀기 시작했다. 수줍은 모습의 설강화가 꽃말인 '희망'처럼 무채색의 계절을 순백으로 밝히고 있다. 주변이 환해지는 것 같은 건 내 마음에 따뜻한 불이 켜져서일 거다.

두어 번이나 헛수고해서일까. 막 피기 시작한 복수초 몇 송이와 새순을 내밀은 설강화를 본 것만으로도, 걱정이 눈 녹듯 사라졌다. 설레는 마음을 붙잡고 좁쌀 같은 꽃봉오리를 가지마다 매단 산당화 앞을 겅중겅중 걸었다. 수목원 한 바퀴 도는 사이에 무거웠던 몸과 마음이 가벼워졌다. 훨훨 날 수 있을 것도 같다.

초등학생들이 쓴 짧은 '봄' 이야기가 생각난다. 엄마 같고 난로 같고 선생님 같다는 봄, 수목원엔 조만간 그 봄이 봇물 터지듯 넘치겠다. 설레는 마음으로 '나의 정원'에서 챙겨온 봄을, 잃어버리지 않도록 가슴에 꼬옥 안고 집으로 향했다.

(2025)

눈 속에 핀 복수초와 설강화, 이 모습을 보려고 2월부터 눈과 귀를 모은다 (2024)

발자국마다 새긴 그날의 기도

 밥을 먹지 않아도 배가 고프지 않다. 들숨보다 길게 날숨을 뱉고 또 뱉어도 몸이 가벼워지지 않는다. 억지로 먹은 밥이 알알이 솟구쳐 오르는지 속도 불편하다. 이건 분명, 내 몸의 문제만은 아니다. 몸 상태로 본다면 집에 가만히 있어야 한다. 하지만, 그래서는 안 될 것 같은 날이다.

 장갑과 색안경에 마스크와 모자까지 챙겨서 집을 나섰다. 집을 나서고 보니 어디로 가야 할지 목적지도 정하지 않았다. 그런데 습관이 무섭다고 늘 가던 공원으로 향하고 있다. 구름다리를 건너가는데 저만치 마을버스가 오고 있다. 순간, 종종걸음으로 달려가 기다렸다는 듯이 올라탔다. 그리고 열세 정거장을 지나 오현초등학교 앞에 내렸다.
 학교 담장 옆에 상징적으로 남겨둔 수인선 철로가 보이는 곳에서 걸을 방향을 정했다. 여기서부터 왕송호수까지 가보자고. 7킬로미터가 넘으니 거의 이십 리 길이다. 황구지천은 의왕에서 발원하여 왕송호수를 거쳐 평택 진위천에 이른다. '황구지'라는 이름은 바다와 만나던 곳인 옛 지명 항곶진九串津에서 온 이름으로 추정한다고 들었다. 산 너머 무엇이 있을까 궁금했던 적도 있는데 요즈음엔 물길의 시작이 궁금하다. 너른 바다에 이르는 물의 흐름처럼 순리대로 살고 싶어서일까. 그런데 오늘처럼 물길을 거슬러 올라가고 싶어지는 건, 스산한 마음탓일 거다. 걷기 전에 심호흡하고 발목도 돌리며 며칠 전에는 어느 섬으로 나를 안내했던 검정 운동화에 기를 불어넣는다. 광장으로 가지 못하는 마음을, 이곳을 걸으며 기도로 새기리라는 다짐이다.

얼마나 걸었을까. 원호매교를 원호대교로 읽은 걸 보니, 몸은 여기에 있으나 마음은 그곳에 가 있는 게 분명하다. 다리를 지나 얼마나 걸었을까. 벚나무뿐이었는데 멀리 우람한 나무 한 그루가 눈에 들어온다. 버즘나무다. 가로수로 심은 버즘나무를 아이스크림처럼 사각으로 전지한 도시도 있다. 또는 큰 가지를 싹둑 잘라내 농기구의 하나인 삼지창 모양으로 만들어

흉물스럽게 만든 곳도 있다. 여기 버즘나무는 사방에 거칠 것이 없는 하천 제방에 있으니 자연스럽게 품이 넓고 키가 크다. '품이 넓은' 나무 같은 사람이 절실한 날이다.

걸으면서 보니 최근 폭설로 버드나무며 벚나무, 소나무까지 성한 나무가 없을 정도로 꺾인 나무가 많다. 그래도 우뚝 선 나무들을 보니 안심이 된다. 꺾이지 않고 부러지지 않고 서 있다는 건 살아있다는 거다. 눈의 무게를 견디지 못하고 물가에, 지붕 위에, 논바닥에 쓰러진 굵은 가지를 보며 온전히 서서 걷는 나를 본다. 바닥에 떨어져 산산이 부서진 작은 가지들이 발에 밟힌다. 가장 먼저 눈의 무게에 떨어져 나왔을 나무의 비늘들이다. 눈과 바람이 만든 무수한 조각들이 또 그곳에 모였을 사람들 같다.

8킬로미터 가까이 걷는 동안 자전거로 달리는 사람 서넛이 내 곁을 스쳐 지나갔다. 건너편에 배낭을 메고 나와 반대로 걷는 사람들도 봤다. 일정한 보폭과 서로의 거리에서 읽히는 다정스러운 모습이 보기 좋아 한참 바라봤다. 느티나무 사이로 내리쬐는 볕뉘를 온몸으로 받으며 차를 마시는 부부의 한가로운 시간도 지나갔다. 똑같은 색깔과 디자인의 점퍼를 입고 장갑 낀 손을 마주 잡고 도란도란 이야기 나누며 걷는 노부부의 모습도 따뜻해 보였다. 이런 평화로운 시간, 이런 풍경들을 잃어버릴 수도 있었다고 생각하니 추위에도 담담하던 가슴이 두근거렸다.

 오늘의 빚진 마음을 갚는 심정으로 걷기 시작한 길. 목적지의 반쯤 이르렀을 때, 바람에 흔들리며 허리를 꺾은 스카이 댄서를 만났다. 기역 모양으로 앉아 움직이는 거라곤 빨간 두 팔뿐이다. 가까이 가보니 사람이다. 빨간색 점퍼를 입은 한 남자가 펼친 두 팔 길이의 나뭇가지를 다리 사이에 끼우고 열심히 다듬고 있다. 그의 손에서 새롭게 태어나는 껍질을 벗겨낸 Y자로 뻗은 매끄러운 하얀 가지가 눈부시다. 두 개의 갈라진 가지가 하나로 모이는 부분을 깎고 있는 그의 나무 이야기가 궁금하다. 나무 깎는 남자를 보니 윤오영 수필가의 「방망이를 깎던 노인」 이야기가 생각난다. 그는 마치 백여 년 전의 방망이 깎던 노인의 후예라도 되는 것처럼, 입을 앙다물고 나무껍질 벗기기에 집중하고 있다. 자동차와 바람 소리도 그에게는 들리지 않을 것 같다. 그이처럼 몰두할 무언가가 필요했던 나는 걷기를 택했다.

바람을 안고 걸어 조금 느리긴 했지만, 포기하지 않은 덕분에 왕송호수에 도착했다. 칼바람을 안고 걸은 8킬로미터, 걸음 수를 보니 만 오천 보를 훌쩍 넘기고 있다. 모두의 평안을 비는 기원을 발자국마다 새겼다. 간절한 기도가 이루어지길 바라면서 천천히 호수를 한 바퀴 더 돌았다.

(2024)

모두의 안녕을 빌며 걸었던 황구지천 (2024)

오늘도 어싱(Earthing)

그야말로 맨발 걷기 열풍이다. 공원에 가면 운동화보다 맨발로 걷는 사람을 더 자주 만난다. 도시마다 공원에 조성한 맨발 걷기장 덕분이다. 맨발 걷기는 어른들만 하는 것은 아니어서 전국 초·중학교에도 맨발 걷기 붐이 일어나고 있다는 소식이다. 2024년에만 500여 곳의 학교에서 맨발 걷기를 도입했고 시 교육청에서도 운영비를 지원하고 있다고 한다. 나도 요즘은 친구나 지인을 만날 때는 발 닦을 손수건을 준비해 나간다. 공원이나 산 입구, 어디든 맨발 걷기장이 있어서다.

우리 집 근처 작은 동산에도 맨발로 걷는 길이 있다. 최근에는 황톳길까지 생겼다. 1년 반 전에 생긴 길이다.

2024년 초였다. 처음에는 고양이 길 같던 숲길이 비질로 폭이 한 보 정도 늘어나 말끔한 길로 바뀌었다. 울퉁불퉁한 곳은

편평하게 다듬었고 반환점에는 앉아서 신발을 신을 수 있도록 구멍 난 시멘트 벽돌까지 몇 개 갖다 놓았다. 어느 날 다시 가 보니 길은 오고 가는 사람이 서로 피하지 않아도 될 만큼 배로 넓어졌다. 입구에 있던 벽돌이 치워지고 신발을 넣을 수 있는 작은 수납장에 의자까지 생겼다.

  사람들이 비질을 막 마친 말간 흙길을 걸었다. 길은 하루하루 달라졌다. 소나무와 참나무, 산벚나무에 맨발 걷기 코스를 알리는 이정표가 걸렸고, 길옆의 원추리에 지주대도 세워놨다. 약간의 경사가 있는 곳은 편안하게 걸을 수 있도록 지그재그로 우회로까지 만들었다.

  걸으며 마주 오거나 같은 방향을 걷는 분들로부터 길을 만든 사람 이야기를 들었다. 시市에서 만든 것인 줄 알았던 그 길은 한 사람의 시간과 노력으로 만든 결과물이었다. 자기 시간을 내는 것도 모자라 쉼터 조성에 필요한 것들을 모두 자비로 마련했다고 했다. 만나는 분마다 한결같이 고맙다며 표창장이라도 줘야 한다고 입을 모아 말했다. 오며 가며 귀동냥으로 얻은 정보로 드디어 길을 닦은 분을 만나 이야기를 들을 수 있었다.

걷다 … 빈 주머니에 넣어온 느낌표들

3년 전쯤, 그에게 비만으로 인한 고혈압, 당뇨, 고지혈증이 함께 왔다고 한다. 약을 먹으며 체육공원 운동장을 돌기 시작했는데 트랙만 돌다 보니 지루해서 주변을 해찰하다가 우연히 200여 미터의 맨발 걷기장을 발견했다. 맨발로 걸어보니 좋았는데 길이 짧아서 아쉬웠던 차에 숲으로 이어진 지금의 오솔길을 만났고, 공원 관리소장님의 허락을 받아 작정하고 길을 만들기 시작했다고 한다. 힘은 들어도 걷는 분들이 좋아하시니 땀 흘린 보람이 있다며 웃었다.

처음엔 삽으로 시작하여 빗자루도 사고 괭이며 신발장이며 의자도 손수 만들어 놓았다. 이제는 맨발 걷는 분들이 단톡방을 만들어 서로 힘을 주고받는 덕분에 함께 만들어 가는 길이 되었다. 길을 만들어도 사람들이 걷지 않으면 '길'이 될 수 없다. 그 길을 걸으며 건강을 챙기는 분들이 모이니 자연스럽게 힘이 모였던 거다.

한 회원이 대량으로 사 온 상사화 알뿌리를 같이 심기도 했는데, 그분은 상사화뿐만이 아니라 꺾꽂이한 수국도 뿌리를 내리면 옮겨 심을 예정이라고 했다. 상사화는 2~3년 후면 꽃이 핀다고 하니 그때는 더 빛나는 '맨발 숲길'이 될 것이다. 빗물에 드러난 뾰족한 돌멩이를 빼내는 분, 세족장에 발 닦는 수세미를 챙겨놓고 오가며 청소하는 분, 비가 오지 않아 땅이 굳으면 물을 받아다 뿌리고 작은 유리 조각을 치우거나 곳곳에 세워놓은 비로 길을 쓰는 분들 덕분에 맨발 숲길은 늘 깨끗하다.

맨발로 걷는 길은 왕복 1킬로미터다. 네 번만 오가도 십 리를 걷는 셈이다. 녹음 짙은 숲에 들면 꾀꼬리며 뻐꾸기, 박새와 어치가 반긴다. 모습이 보이지는 않지만, 꾀꼬리 소리도 발걸음을 가볍게 한다. 처음 이 길을 걸을 때, 마주 오던 할머니가 양말 신고 걷는 나를 보더니 안타깝다는 듯 한마디 하셨다.
"아이구, 쯧쯧, 양말을 벗어야제. 그라고 이런 데를 밟아주며 걸어야 혀."
그리고 길 위로 드러난 나무뿌리를 지압봉 삼아 밟고 지나가라고 했다. 그 말이 싫지 않았다. 다 좋은 길이 주는 선물이다.

전국에는 맨발로 걷기 좋은 길이 많다. 하지만, 가장 좋은 길은 내 집에서 가까운 곳에 있는 길이다. 오늘도 가볍게 집을 나서 맨발 숲으로 들어간다. 숨기고 감췄던 발, 이젠 맨발 드러내기를 주저하지 않는다. 천천히 걸으며 발바닥에 전해오는 흙의 감촉도 느껴본다.

'아무것도 하지 않으면 아무 일도 일어나지 않는다.' 모든 일은 '아무 일'에서 시작한다. 오늘도 쓰레기를 줍고 비로 쓸고 산책로 주변의 풀을 뽑는 분들 덕분에 길이 빛난다. 맨발 숲길엔 새벽부터 저녁까지, 비가 오는 날에도 맨발로 걷는 사람들이 있다. 그 길을 걷는 '우리'가 만드는 맨발 숲길이 모두의 명품 길이 되기를 기대하며 오늘도 신발 벗고 어싱(Earthing), 시작이다.

(2025)

한결같은 사람들 덕분에 빛나는 봉담 생태숲 맨발 숲길 (2025)

묵주의 길에서

　우리는, 내가 자랐던 곳과 현재 사는 지역을 얼마나 잘 알고 있을까. 내가 태어나서 자란 곳을 말하는 고향. 한편으로는 잦은 이사를 하는 사람들에겐 그저 마음속 깊이 간직한 '그립고 정든 곳'이 고향이 될 수 있겠다. 하지만 누군가에게는 태어나서부터 지금까지 살아가는 곳이기도 하다. 그립고 정든 곳을 생각하면 내게도 몇 군데가 있다. 그립다는 말보다 마음이 가는 곳 정도가 맞겠다. 마음이 가는 곳이란 말은 자주 못 간다는 의미이기도 하다. 내겐 남양성모성지가 그중 하나다.

　우연 같았지만, 필연처럼 여겨지는 일이 있다.
　올해 가장 덥다는 날, 남양의 여러 곳을 둘러보게 되었다. 풍화당을 거쳐 남양향교와 봉림사를 비롯하여 정원채 고가와 남양홍씨 열녀 정려문까지 보고 남양성모성지로 향했다. 성지로 들어가는 다리를 건너면서부터 마음이 벅차서 출렁였다. 동생과 조카랑 함께 거닐었던 곳인데, 이십몇 년 만에 다시 찾았다. 각인처럼 남은 그날의 풍경이 마치 어제 일 같았다. 묵주의 길을 걸으며 해맑게 웃던 조카의 얼굴이 지금도 내 기억 속에서는 사진보다 선명하다.

 오래전 기억을 더듬어 입구에서부터 느릿느릿 달팽이처럼 걷다가 흐르는 땀을 닦느라 멈춰 섰다. 주렁주렁 열매를 매단 히어리 나무가 묵주의 길에 그늘을 드리웠다. '이 묵주가 그때의 묵주일까.' 묵주마다 멈춰서서 두 팔로 끌어안고 웃던 어린 조카의, 히어리 이파리 같은 둥근 얼굴이 떠올랐다.

 조카는 세 살에 자폐 진단을 받았다. 다섯 살 때는 혈액암에 걸려 병원에서 살다시피 지냈다. 위급한 상황까지 간 적도 있다. 그때 동생은 조카가 가장 좋아했던 곳까지 알아볼 정도로 심각했다고 했다. 다행히 수년의 투병 생활을 잘 견뎌냈고 완치 판정도 받았다. 몇 줄로 요약하기에는 힘들고 길었을 시간, 나는 멀리 떨어져 살아 하나도 도움을 주지 못했다.

건강하게 자란 조카가 어느새 서른을 훌쩍 넘겼다. 흔히 '나이는 숫자에 불과하다.'라는 말을 한다. 대상이 누구냐에 따라 해석이 다른 말이다. 무슨 일을 시도하려는 사람에게는 나이를 잊으라는 말이 된다. 또는 나이를 먹었어도 나잇값을 못 하는 사람에게 하는 말일 수도 있다. 조카를 보고 있으면 정말 나이는 숫자에 불과하다는 생각이 든다. 아기 때보다 키와 몸피는 몇 배로 커졌으나 눈빛은 여전히 아기 같다. 가끔 생각한다. 엄마와 몇 개의 단어와 눈빛으로 소통하는 조카의 세상은 어떤 곳일까. 조카의 이름을 부르고, 나를 바라보는 조카의 거울 같은 눈을 가만히 보고 있으면, 때 묻은 내가 보인다.

조카의 둥근 얼굴 같은 묵주, 손바닥으로 쓰다듬어 봤다. 많은 사람의 기도가 스며든 무생물인 돌에서 온기가 느껴지는 것 같다. 더위 때문만은 아닐 거다. 요즈음은 외로움이 넘치는 시대, 반려묘, 반려견, 반려 식물, 심지어 반려돌도 유행이다. 강아지와 식물과 곤충도 있고 돌멩이도 있는 걸 생각하면 돌에 온기가 있다고 말하는 게 없는 소리만은 아니겠다. 돌에 이름을 지어 주고 씻기고 옷을 갈아입히며 위무 받는 사람들, 사람은 위로로 살아갈 힘을 얻는다. 가만히 생각해 보니 나를 위로

하는 것이 많았다. 그건 사람일 때도 있지만, 생물이거나 무생물일 때도 때로는 어떤 공간일 때도 있다. 이십여 년 전, 그리고 이십 년 후 다시 걸었던 남양성모성지 묵주의 길도 그중 하나다.

묵주의 길이 끝나는 야트막한 언덕에 키 큰 나무 몇 그루뿐인 작은 공간이 있었다. 조카는 그곳을 발밤발밤 걸으며 해맑게 웃었다. 천사 같았다. 그날이 생각나 동생에게 전화했다. 휴대전화기에 '석영 나라'가 떴다. 나에게는 작은 거인 같은 동생, 그리고 동생에겐 나라와 같은 아이와 함께 걸었던 길. 그립고 정든 길의 페이지를 열어 감사의 기도로 채워 걸으며, 잠시 여름을 잊었다.

(2024)

자늑자늑 걷기 좋은 묵주의 길과 건축가 마리오 보타가 설계했다는 대성당의 모습 (2024)

범부채, 꽃 피다

작은 부채 같은 꽃을 피웠던 범부채가 어느새 흑진주같이 빛나는 열매를 맺었다.

살면서 많은 사람과 스쳐 지나기도 하고 인연을 맺었다가 헤어지기도 한다. 서로의 등을 떠밀 듯 멀어지며 말 한마디 나누지 않아도 여운을 남기는 사람도 있다. 싹을 틔우고 자라서 꽃을 피우고 열매를 맺는 범부채를 볼 때마다 한 할머니가 생각난다. 몇 년 전, 겨울의 일이다.

일요일 오전, 도서관에 가기 위해 집을 나섰다. 초등학교와 유치원 울타리를 끼고 있는 이차선도로는 한적했다. 겨울방학에 들어갔으니 늘 북적이던 분식집도 무인 문방구 앞도 조용했다. 도서관에 갔다가 오는 길에 사탕 살 생각에 들뜬 다섯 살

손주가 종알거리며 내 손을 잡고 앞뒤로 흔들었다.

그때 저만치 우리 앞에 가던 전동차가 멈춰 섰다. 학교 울타리 쪽에 한 사람이 몸을 웅크리고 있는 모습도 보였다. 누군가 눈길에 미끄러져 넘어진 것 같았다. 일어서질 못하는 모습이 심상찮아 보였다. 놀라서 다가가 보니 바닥에 피가 흥건했다. 넘어진 할머니 얼굴엔 흙이 잔뜩 묻어 있고 흙과 피로 물든 마스크는 바닥에 떨어져 있었다. 계속 피를 뱉어내는 게 아무래도 119를 불러야 할 것 같았다.

전동차에 탄 아저씨가 걱정스러운 눈길로 바라보더니, 가방에서 물티슈를 꺼내 건넸다. 흙을 닦아드리며 보니 피 묻은 할머니 얼굴엔 민망한 표정이 역력했다. 연거푸 괜찮다고 하던 할머니가 물티슈를 바꿔가며 얼굴의 흙을 닦아내더니 이마에 상처가 났는지부터 물었다. 큰 상처는 아니지만, 이마 한가운데가 부어오르고 금세 파랗게 멍이 들기 시작했다. 할머니께 구급차를 부르는 게 낫겠다고 하니 완곡하게 거절했다. 말로는 괜찮다고는 했지만, 얼마나 놀랐는지 손을 덜덜 떨고 계셨다. 가방에서 마스크를 꺼내달라는 손짓에 새 마스크를 꺼내드렸다. 그러는 동안에도 입안의 피가 멈추지 않았다. 할머니께 병원에 가시자고 한 번 더 말씀드렸지만, 두 팔을 내저으며 괜찮다고 하셨다.

한참 후, 전동차를 탄 아저씨는 떠났고 우리만 그 자리에 남았다. 조금 진정한 할머니가 피는 덜 난다면서 일어나 옷매무새를 고치고 지팡이를 찾아 짚었다. 하지만, 마음뿐이었는지 몇 걸음 걷다가 휘청거렸다. 혼자 가시게 두면 안 될 것 같았다. 집이 아닌 교회로 가고 싶다고 해서 우리가 모셔다드리기로 했다.

몇 미터나 갔을까. 아무래도 안 되겠는지 할머니가 집으로 가야겠다고 마음을 바꿨다. 할머니가 넘어진 곳은 당신의 집과 교회 중간쯤이었다. 건널목 앞에 선 할머니가 내 곁에 서 있던 아이를 바라보며 "아이고, 아가! 미안하다."라는 말을 몇 번이나 했다. 갑작스러운 사고에 놀라 곁에 아이가 있었다는 걸 모르셨던 모양이었다.

몹시 아팠을 텐데도 흙을 퍼다가 피를 덮고, 얼굴의 흙먼지부터 털어내던 할머니, 할머니의 성품을 알 것 같았다. 할머니는 아파트 보안 문을 통과해 엘리베이터를 타면서도 계속 손을 흔드셨다.

할머니를 모셔다드리고 도서관으로 가는 길, 그제야 시종일

관 말이 없던 아이가 입을 열었다. 늘 종알거리던 아이였는데, 다친 할머니를 돌보는 동안 우리 곁에서 그림자처럼 조용히 서 있었던 걸 생각하니 기특했다. 도서관에 들렀다가 무인 문방구에서 약속했던 사탕과 작은 장난감까지 사줬다. 그리고 집에 돌아오며 조용히 기다려 준 것을 칭찬해 줬다. 처음 보는 할머니지만 크게 다치지 않은 것도, 빨리 가자고 보채지 않고 기다려 준 아이도, 모든 게 감사한 일요일 아침이었다.

책을 읽으러 도서관을 오가며 뾰족뾰족 범부채 싹이 돋는 걸 볼 때도, 요가하러 주민센터를 오갈 때도 문득문득 겨울날 할머니의 모습이 떠올랐다. 범부채 싹이 자라고 초등학교 울타리를 감싸며 안팎으로 가지를 나눠 작은 꽃송이들을 매달았을 땐, 그날 할머니가 흘린 피가 뿌리에 꽃에 스며들었겠다고도 여겼다.

짧은 일별이 남긴 긴 여운. 올해는 할머니를 떠오르게 하는 열매마저도 고상한 범부채 씨앗을 갈무리해 뒀다가 내년에 친정 마당에 뿌려야겠다. 꽃말처럼 '사랑'과 '정성'을 담아서.

(2024)

저 속에 씨앗을 몇 개나 품고 있을까 (2024)

고상한 할머니 같은 범부채 열매 (2025)

세상에 그런 일도

여행 떠나기 전까지 저축해 둔 설렘이 바닥을 보인다. 집으로 돌아갈 때가 되었다는 뜻이다. 모든 일정을 마치고 공항으로 이동했다. 며칠 전 공항에서 나오며 가벼웠던 발걸음이 이번에는 조금 무겁다. 짐은 늘었고 돌아가기 아쉬운 마음이 큰 까닭이다. 여행객으로 가득 찬 공항이 북적북적, 정신을 바짝 차리지 않으면 안 될 것 같다. 짐을 부치고 표를 받고 보안 검색대 앞으로 가니 줄은 더 길어졌다. 마치 달랏에서 냐짱으로 넘어온 산길처럼 구불구불한 선 따라 늘어선 사람들, 기다림의 연속이다.

드디어 내 차례가 왔다. 이곳은 신발까지 벗으라고 한다. 검색대를 통과해 면세점 앞으로 나가서 일행을 기다렸다. 10여 분이 지났는데도 지인 부부가 보안 검색대 앞에 계속 서 있다. 출국 때는 깜빡하고 보조 배터리를 슈트케이스에 넣는 실수로 다시 가방을 풀었던 터라, 무슨 일인가 싶어 부부에게 다가갔다.

이번엔 아내의 여권이 검색대를 통과하며 사라진 모양이었다. 검색대 직원들은 없는 걸 확인만 하고 각자 할 일만 하니 잃어버린 사람만 답답했다. 귀신이 곡할 노릇이라는 말이 딱 맞는 상황이었다. 말도 안 통하는 데다 무심히 자기 할 일만 하는 직원들에 화가 난 그녀의 남편이 언성을 높이기 시작했다. 그래도 그들은 모니터에서 눈을 떼지 않았고 검색대 통과하는 바구니에만 시선을 꽂았다. 소란스러움을 감지한 상사가 나와도 아무도 관심을 두지 않는 그들의 모습이 놀라웠다. 비행기 탑승까지 앞으로 한 시간밖에 남지 않았다는 데 생각이 이르자 입안의 침이 바짝바짝 말랐다.

한참 후, 보안 요원과 상사인 듯한 사람이 지인 부부를 사무실로 데리고 들어갔다. 그리고 CCTV를 돌려보며 한 남자가 그녀의 여권을 들고 나가는 장면을 찾아냈다. 흐릿하지만, 흰 셔츠에 반바지를 입고 가방을 둘러멘 모습이었다. 주위를 둘러보니 대개가 흰 셔츠에 반바지 차림이다. 탑승 사십 분 전을 알리는 시계를 거꾸로 돌려놓고 싶어졌다.

잠시 후, 사무실에서 나온 보안 요원이 그녀를 데리고 1층 탑승구 방향으로 내려갔다. 얼마나 기다렸을까. "찾·았·음"이라는 문자가 왔다. 탑승 삼십 분 전이었다. CCTV가 타인의 여권을 들고 간 남자가 탑승구 대기 좌석에 있는 걸 찾아냈다고 한다. 이런 식으로 감시 카메라의 도움을 받을 줄은 몰랐다.

2021년 행정안전부와 한국인터넷진흥원의 CCTV 실태 조사에 따르면 직장인이 하루 평균 CCTV에 노출되는 횟수는 약 98회에 달했다. 거기다 민간 CCTV나 자동차 블랙박스 등을 포함하면 우리는 언제 어디서나 카메라에 찍히고 있다는 말이 된다. 기사를 읽으며 내 주변을 돌아보니 엘리베이터를 시작으로 아파트 지하 주차장, 정원, 집 앞 도로 등 내가 가는 곳 어디에나 카메라는 있었다. 하나의 일상처럼 의식하지 않고 지나다니긴 했으나, 불편했다.

그런데 막상 이런 일을 겪고 보니 카메라 앞에 고맙다고 절을 해도 모자랄 것 같았다. 여권을 들고 간 사람은 학생 같았다. 카메라로 확인해 보니 본인 짐과 여권을 챙겼으면서 바로 이어 나오는 바구니에서 지인의 여권까지 들고 갔다. 이상한 일은 혼자가 아니라 가족여행이었는데, 누구도 학생이 들고 간 여권을 창구에 갖다주지 않았다. 오히려 할머니라는 분이 보안 요원이 찾아가자 왜 경찰을 데리고 왔느냐며 화를 내면서, 안 그래도 창구에 맡기려고 했다는 앞뒤가 맞지 않는 말을 했단다.

여권과 항공권을 찾고 나니, '대체 왜 그랬을까.'라는 궁금증이 생겼다. 일탈이라기에는 너무 무모했다. 학생이 학업이나 그 외 일들로 스트레스를 받아서 순간적으로 저지른 일이라고 해도 이해가 안 될 행동이었다. 엄마와 할머니는 아이가 들고 온 다른 사람 여권을 보며 무슨 생각을 했을까. 바로 돌려줘야 마땅했다. 타인의 여권을 들고 가면 절도죄에 해당한다. 그러나 그 학생은 여권만 돌려주고 무사히 귀국하는 비행기를 탔다.

외국인 중에는, 한국 여권만 있으면 무비자로 입국할 수 있는 나라가 많아 가끔 훔치는 일도 있다고 들었다. 그러나 그 학생은 우리나라 국민이었다. 당연한 일을 했지만, 도움을 준 외국 공항 직원들에게 창피했다.

어쨌든, 일이 잘 해결되고 나니 그제야 모두의 얼굴에 화색이 돌았다. 여권을 잃어버렸던 지인은 비행기가 인천에 도착할 때까지 다섯 시간 동안 한 번도 깨지 않고 잤다고 했다. 우리는 무사히 공항에 도착해서도, 집으로 돌아와서도 깜라인 공항에서 있었던 그 일을 종종 회상한다.

  여행이 늘 즐거운 추억만 남기는 건 아니다. 이번 여행에서는 며칠 동안 돌아다닌 그 어느 곳의 추억보다 공항에서의 소동이 가장 기억에 남았다. 세상에 이런 일이, 아니라 세상에 그런 일도 있었다고 말이다.

(2024)

역전들의 여름을 읽다

오늘도 동화천을 읽었다.

며칠 만이다. 몇 장의 페이지가 넘어간 들판 풍경이 다르다. 벌써 참깨를 베어낸 밭도 있고 벼 이삭도 패기 시작했다. 풀 일색이던 너른 밭은 어느새 갈아엎어 가을을 준비하고 있다. 지난봄 모를 심고 물을 대주지 않아 말라가는 벼를 보며 주인의 게으름을 탓했던 논도 푸른 숲이 되었다. 세 번째 다리를 지날 즈음 참새들의 놀이터인 키 큰 쥐똥나무 숲을 만났다. 건너편에도 쥐똥나무가 있는데 주기적으로 전지해서 울타리 같다. 쥐똥나무 뒤편으로 며칠 전 노을빛과 같은 진분홍 능소화가 한창이다. 지난달에 수목원 산책길을 붉게 물들였던 능소화보다 색이 더 진하다. 미국 능소화다. 능소화가 필 때마다 마이산 탑사 암마이봉의 능소화가 생각난다. 다녀온 지, 7년. 일곱 번 피고 졌을 테니 그만큼 둥치가 굵어지고 더 높이 자랐을 거라 짐

작만 할 뿐이다.

  의도한 건 아닌데 집을 옮길 때마다 하천이 가까이 있었다. 대구의 팔거천이 그랬고 김해에서는 해반천이 그랬다. 안양에서는 안양천 앞에서 살았고, 병점동으로 이사해서 보니 집 앞 도로 건너가 인곡천의 시작점이었다. 지금 사는 봉담 역시, 동화천이 지척이다.

  집에서 동화천으로 나가려면 들녘오름공원을 지나가야 한다. 공원 계단을 내려가자마자 실개천을 낀 양쪽으로 논과 밭이 펼쳐져 있다. 실개천과 동화천 합류 지점에는 봉담 수질복원센터에서 나오는 물소리가 폭포수처럼 힘차게 들린다. 눈앞에 펼쳐진 벌말을 보며 걸으면 들숨이 날숨보다 길어진다. 여름 들판은 하루가 다르게 변한다. 몇 년 후면 사라질 풍경이다. 그래서 풀 한 포기, 나무 한 그루도 소중해서 가만히 들여다보게 된다.

  병점에 살 때는 산책길이었던 인곡천 주변이 진안지구로 들어가서 안타까워했다. 이곳 역전들을 포함한 동화천 주변도 봉담3지구에 포함된다. 사라진다고 생각하면 더 애틋하다. 걸을 때마다 풀과 나무와 밭에서 논에서 자라는 작물을 관찰하는 이유다. 해찰이 맞을지도 모르겠다. 땅콩에 토란, 두렁에 심은 콩, 심지어 흔한 달맞이조차 애틋하다.

겨울에는 청둥오리 떼와 흰뺨검둥오리 떼가 내려앉아 쉬어 가고 가끔 총알처럼 빠르게 나는 물총새도 볼 수 있는 곳이다. 봄에는 갈퀴나물이 피더니, 늦여름인 지금은 돼지감자 노란 꽃과 유홍초가 피고 강아지풀 씨가 여물어 가고 있다.

이런 아쉬운 마음을 느끼는 게 나만은 아닌듯하다. 저녁노을이 유난히 아름다웠던 날, 논과 밭, 농로 등을 카메라로 찍는 사람을 보았다. 내가 눈과 마음에 담는다면 그는 서서, 앉아서, 멀리 가까이 사라지는 '지금'을 카메라에 담고 또 담았다.

네 번째 다리를 돌아 집으로 오는 길, 어둠을 밝히듯 붉은 능소화를 한 번 더 올려다봤다. 내년에도 역전들의 푸른 변화를 볼 수 있기를 바라며, 오늘 내가 읽은 동화천의 마지막 페이지는 8월을 빛내는 능소화다. 아니, 붉은 노을이다.

(2025)

난 너를 사랑해, 동화천에서 바라본 붉은 노을 (2025)

주머니에 담아온 이야기

계절이 지나가는 하늘에는

가을로 가득 차 있습니다

나는 아무 걱정도 없이

가을 속의 별들을 다 헤일 듯합니다

윤동주 시인의 「별 헤는 밤」의 일부이다. 한글 타자를 처음 배울 때 이 시를 날마다 눈으로 보며 손가락으로 읽었다. 짧고 뭉툭한 손가락이 움직이며 자음과 모음이 모여 낱자를 만들어 내는 게 신기했다. 처음엔 오타가 더 많았지만, 다시 돌아가 반복하다 보니 어느새 자연스러워졌다. 점점 빨라지는 속도를 느끼며, 언젠가 속기를 배우겠다고 서울에 있는 학원에 등록하고 며칠 다니다가 포기한 게 생각났다. 뭉툭한 손가락도 할 수 있다는 걸 몰라서 쉽게 포기했던 때다.

한때 시인의 양장본 시집을 외출할 때마다 챙겨 다닌 적도 있는데, 그때 자주 읽었던 시가 「서시」, 「새로운 길」, 「자화상」이었다. 지금은 「쉽게 씌어진 시」와 「참회록」과 「주머니」를 비롯한 동시를 자주 읽는다. 시인의 흔적을 찾아 떠났던 일본 문학기행 덕분이다.

등불을 밝혀 어둠을 조금 내몰고
시대처럼 올 아침을 기다리는 최후의 나

나는 나에게 작은 손을 내밀어
눈물과 위안으로 잡는 최초의 악수
「쉽게 씌어진 시」 일부

시인이 6개월 동안 다녔던 도쿄 릿쿄대 1104호 강의실. 복도에 서서 시인이 앉아 있었을 자리를 가늠해 봤다. 창가에 앉아 노교수의 강의를 들으며 바깥 풍경을 눈에 담는 시인의 모습이 보이는 것 같았다. '시대처럼 올 아침을' 맞지 못한 시인을 생각하며 강의실을 나와 구 도서관을 둘러보고 보이지 않는 시인의 발자국에 도장을 찍듯 교정을 거닐었다.

내를 건너서 숲으로

고개를 넘어서 마을로

어제도 가고 오늘도 갈

나의 길 새로운 길

「새로운 길」 일부

　도쿄에서 다시 교토로 이동했다. 도시샤대학과 마지막 소풍 장소인 우지강과 하숙집터를 찾아간 날은 비가 오락가락했다. 세 곳 모두 시인의 시비가 세워져 있는 장소이다. 도시샤대학과 하숙집터에서는 「서시」가, 우지강변에서는 「새로운 길」이 우리를 맞았다. 기억과 화해의 비를 세우기 위해 애쓴 교토 시민들을 생각하며 시비 앞에서 묵념했다. 눈물 같은 비가 내렸다. 일본의 전통과 역사가 살아 숨 쉰다는 도시에서 시인의 발자취를 더듬는 일은 슬프면서도 느꺼워 발걸음이 무거웠다. 한편, 고대 일본의 수도로 1,000년 이상 정치와 문화의 중심지였던 도시에 시인의 시비를 세 개나 세운 사람들에 대한 고마운 마음에 시비 앞에서 절로 고개가 숙어졌다.

잃어버렸습니다

무얼 어디다 잃었는지 몰라

두 손이 주머니를 더듬어

길에 나아갑니다

돌과 돌과 돌이 끝없이 연달아

길은 돌담을 끼고 갑니다

담은 쇠문을 굳게 닫아

길 우에 긴 그림자를 드리우고

길은 아침에서 저녁으로

저녁에서 아침으로 통했습니다

돌담을 더듬어 눈물짓다

쳐다보면 하늘은 부끄럽게 푸릅니다

풀 한 포기 없는 이 길을 걷는 것은

담 저쪽에 내가 남아 있는 까닭이고

내가 사는 것은 다만

잃은 것을 찾는 까닭입니다

「길」 전문

마지막으로 찾아간 구 후쿠오카 형무소. 그날은 하늘이 푸르렀다. 지금은 구치소로 사용하는 건물 주변에 강이 흘렀다. 이름이 카나쿠즈金屑川라고 했다. 여기서는 인적 드문 밤에 파도 소리가 들릴 정도로 바다가 가깝다는데, 시인도 파도 소리를 들었을까. 구치소 건물을 보니 시인의 「길」이라는 시가 생각났다. 굳게 닫힌 쇠문 앞에서 묵념을 올리며 푸른 하늘에 부끄럽지 말자고 다짐했다. 아침에서 저녁으로, 저녁에서 아침으로 통하는 길을 따라간 시인은 담 저쪽에서 잃은 것을 찾으려고 얼마나 애를 썼을까. 시인이 '풀 한 포기 없는' 길을 걸어 '담 저쪽'에 낸 새로운 길, 많은 사람이 오가 풀이 무성하지 않은 빛나는 길이 된 것을 시인은 아실까.

넣을 것 없어

걱정이던

호주머니는

겨울만 되면

주먹 두 개 갑북갑북

「주머니」 전문

  도쿄와 교토, 후쿠오카까지 시인의 발자취를 따라 세 도시를 돌고 집에 돌아왔다. 다음날에서야 가방을 풀었다. 꺼내는 옷마다 습관처럼 주머니들을 살폈다. 릿쿄대를 돌아보던 날 입은 옷, 교토의 도시샤대와 우지강, 하숙집을 돌아보던 날 입었던 옷, 마지막 날 지금은 구치소로 바뀐 구 후쿠오카 형무소 앞에서 묵념했던 옷까지. 시인의 이야기로 주머니가 갑북갑북했다.

  빈 주머니로 떠났지만, 슬픔, 비감, 비애 등 여러 빛깔의 이야기가 주머니마다 들어 있다. 이제 내 기억 호주머니에 담아 온 소중한 이야기를 주변에 풀 차례다. 오늘은 풀기 전에 하나하나 살펴볼 참이다. 동시 「주머니」부터 읽고, 시작해야겠다.

(2025)

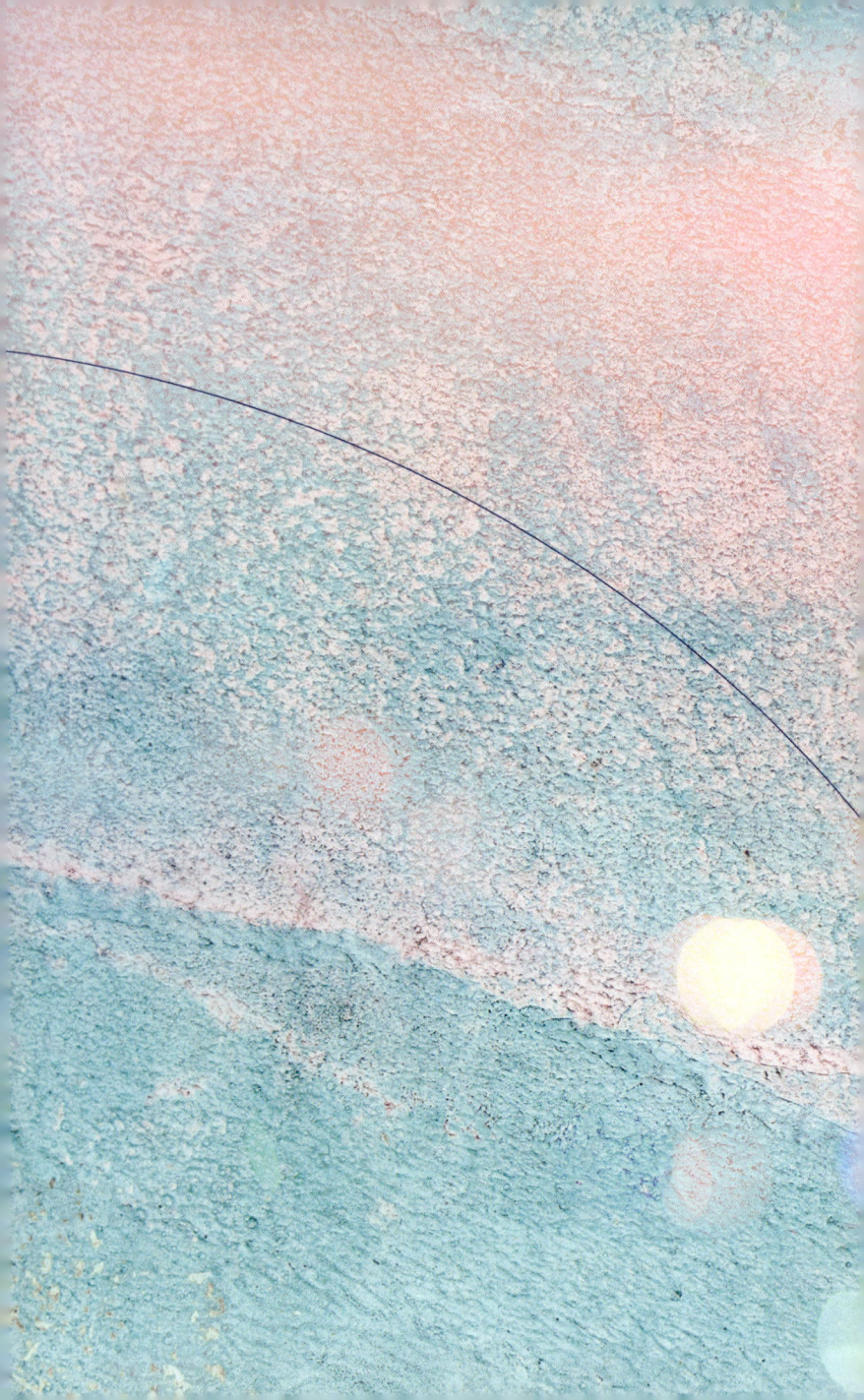

엄마의 엄마

나를 낳아준 엄마는 세상에 단 한 명이다. 그 엄마에게도 엄마는 한 명뿐이다. 그런데 엄마가 세상을 떠난 후, 새로 생기는 엄마도 있다. 내리사랑은 있어도 치사랑은 없다는 말이 있다. '없다'라는 말은 틀린 말이다. 자식에게 베푼 사랑을 늘그막에 받는 엄마 이야기를 보며 든 생각이다. '안받음'은 자식이나 새끼에게 베푼 사랑을 말하고 '안갚음'은 어미에 대한 은혜를 갚는 일이다. 자식의 안갚음을 안받음하는 이야기의 주인공인 화면 속의 엄마가 마치 말 잘 듣는 아기 같다.

칠순을 앞둔 그의 엄마에게 3개월이라는 시한부 선고가 내려졌다. 이전에도 두어 번 암을 선고받고 완치했으나 시한부라는 말은 가족에게도 청천벽력 같았겠다. 일정한 시간을 정하고 사망을 에둘러 표현한 시한부라는 말은 삶이 끝날 날이 얼마 안 남았음을 의미한다. 그런 엄마에게 둘째 아들이 '엄마'가 되었다.

위로 형과 아래로 여동생까지, 가족들의 노력으로 엄마의 삶은 3개월을 넘어 1년이 되었다. 그러니 하루하루가 얼마나 소중하고 감사할까. 둘째 아들의 모든 일상은 엄마에게 맞춰져 있다. 다니던 직장에 휴직계를 낸 후, 엄마를 도시에 사는 형 집에 모시고 간병인으로 들어앉으며 아이 아빠 역할은 잠시 접은 듯하다.

모자母子의 일상에 빠져든 건 내 어머니께도 그런 엄마 같은 아들이 있어서다. 올해 아흔여덟이 된 어머니는 수년째 막내아들 곁에 머물고 계시다. 시동생은 따로 살 때도 울산에서 부산까지 2주에 한 번은 내려와서 잠을 자며 어머니의 손발 노릇을 했다. 딸 같은 아들이라는 말들을 한다. 사실, 딸 같은 아들이라는 말도 틀린 말 같다. 딸이라도 살갑지 않을 수 있고 아들이라고 다 무뚝뚝한 건 아니기 때문이다. 시동생은 오 남매 중에 막내다. 남편은 중간인 둘째로, 누이가 둘이 있고 형님이 한 분 계신다. 그런데 모두 시동생만큼 차분하고 살가운 편은 아니다.

지난해 늦가을에 어머니를 뵈러 울산에 내려갔을 때의 일이다. 시동생이 볼일을 보러 나가며 남편에게 어머니의 산책을 부탁했다. 남편은 성격이 좀 급한 편이다. 난관은 어머니를 휠체어에 앉히는 일부터 일어났다. 환자에게 편한 동선을 고려하지 못하니 어머니의 얼굴에 불편한 기색이 역력했다. 신발을 신기고 등받이를 조절하는 것 등, 익숙지 않으니 더듬댔고 세심하지 못하니 덜컥거렸다. 그래도 우여곡절 끝에 공원을 돌고 햇살 좋은 자리에서 해바라기하며 오순도순 이야기 나누는 모습이 보기 좋았다. 그런데 공원 한 바퀴 더 돌자는 남편에게 어머니가 이젠 집으로 가자고 했다.

텔레비전 프로그램에서 외출한 동생 대신 엄마를 챙기던 형을 보니 그날의 남편 모습 같았다. 그 엄마는 점심상을 차리는 큰아들이 곰탕에 파를 숭덩숭덩 썰어 넣은 거나 반찬을 내놓는 모습을 보며 대놓고 말하지는 않아도 성에 차지 않는다는 걸 표정으로 나타냈다. 그래도 "너랑 먹으니 더 맛있다."라며 큰아들을 배려했다. 그런 긍정의 마음이 그녀가 두 번의 암을 이겨내는 데 큰 힘을 발휘했을 것 같았다.

시동생은 밤에도 깊은 잠을 못 잔다. 어머니가 일어나면 달려가 화장실로 모셔가고, 어머니의 기상 시각에 맞춰 새벽 다섯 시에 일어난다. 내가 가 있을 때도 더 자라며 직접 어머니 아침상을 차린다. 어머니의 세 끼는 아침은 여섯 시, 점심은 열두 시, 저녁은 다섯 시로 정해져 있다. 시동생도 어머니 따라 새벽 여섯 시에 아침을 먹는다. 시동생은 어머니의 반찬을 잘게 잘라주고 흘린 음식물을 닦아내고 아침에 먹는 약을 찾아드린다. 양치를 마치고 입가에 물기까지 닦아준 뒤 방으로 부축하여 앉히는 등, 어머니를 아기 다루듯 한다. 어머니도 시동생 앞에서는 아기가 된다.

하루에 한 번씩 하는 목욕도 시동생이 하는 일 중 하나다. 최근에는 수십 년간 복용해 온 수면제를 끊고도 밤잠을 잘 주무신다는데, 아마도 시동생의 그런 노력과 볕 좋은 날 산책도 도움이 되지 않았을까 싶다. 그렇게 시동생은 어머니께 아들 아닌 '엄마'가 되었다.

시동생보다 젊은 그녀의 아들은 엄마를 위해 휴직하고 한창 아빠가 필요할 아이와도 떨어져 지낼 결심을 하기까지 얼마나 고민이 많았을까. 그는 그게 최선이라고 생각했을 거다. 엄마의 그림자가 되어 날마다 산림공원을 오르는 아들은 엄마에게

기댈 수 있는 산 같았다. 그의 엄마가 웃는 걸 보며 좋은 의미의 의존은 살아가는 데 큰 힘이 된다는 걸 깨달았다. 그날 남편과 산책에 나섰던 어머니는 휠체어를 미는 그의 손길을 미덥지 않아 했다. 얕은 턱을 넘는데도 겁을 먹고 "살살 밀거래이."라며 몸을 움츠리던 어머니. 시동생과는 다른 어설픈 손길에 불안해서 그만 집으로 돌아가자고 했다는 걸 나중에 알았다.

오늘은 방송 세 번째 날이다. 생일을 맞은 그녀를 위해 동생들이 찾아왔다. 가족들이 3개월이라는 시한부 생이 1년이 되었듯 내년 생일을 다시 맞기를 바라며 축하하는데 내 콧등이 다 시큰하다. 주변에서 백수도 무난할 거라는 어머니처럼, 담도암을 선고받은 그녀도 칠순을 가뿐히 넘기길 기원한다. 엄마의 엄마로 살아가는 사람들을 위해서 기도하는 아침이다. 오늘은 여느 때와 달리 혼자 계신 친정엄마께 아침 일찍 전화했다. 마음과 달리 건조한 문안 인사지만, 아직은 내가 엄마의 엄마가 아닌 딸이라는 걸 확인하는 시간이다.

(2024)

사무치다

  2주에 한 번씩 친정에 간다. 그날은 현관문을 열고 들어서자마자 엄마보다 먼저 문 앞에 종이 더미가 반겼다. 안방에 있어야 할 노트와 우편물, 책까지 거실에 나와 있었다. 버리라는 말을 좀체 하지 않아 청소할 때마다 팽팽하게 맞섰는데, 막상 내놓은 걸 보니 가슴이 먹먹했다. 텔레비전을 보며 몸에 좋다는 음식들을 적바림해 둔 것들부터 슈퍼에서 장 본 내용 등을 적은 메모들도 있었다. 종이에 2019년이라고 적혀 있는 걸 보니 코로나가 오기 전이다. 그때까지는 써 됐다는 걸 거다. 비닐을 뜯지 않은 지역신문도 있다. 전에는 신문을 다 읽고 귀퉁이에까지 메모했는데 이젠 손이 저려 비닐도 뜯지 못한 우편물까지 있다.

  버리기 전에 하나씩 훑어보다가 열흘에 한 번씩 오는 목욕차에 있는 엄마 사진을 봤다. 도움 주시는 두 분 사이에 서서 웃고 있는, 불과 한 계절 전의 엄마가 낯설다. 지금은 그만큼 건강이 악화하여 "죽겠다."라는 말을 달고 지내신다.

사진을 옆으로 빼놓는데, 오선지가 그려진 노트가 있다. 초등학생이 쓰는 음악 노트다. 펼쳐 보니 노래 가사가 빼곡하다. 첫 장에 1번 〈유정 천리〉를 시작으로 44번 〈안개 낀 장충단 공원〉까지 적어 뒀다. 노래마다 1절, 2절, 어떤 노래는 3절까지도 써놨다. 노트 한 권이 마흔네 편의 노래로 빈틈없이 꽉 찼다. 파란색 볼펜으로 꾹꾹 눌러쓴 가사들 곳곳에 오자가 보이지만, 흐트러지지 않고 처음 글씨체 그대로를 유지하고 있다. 쓰다 보면 볼펜 똥이 나오기 마련인데 그런 흔적도 없다. 이렇게 정성 들여 쓴 노트를 왜 버리시나 싶어 사진과 같이 챙겨서 집에 가져왔다.

최근에는 노래를 듣는 것도 부르는 일도 멈췄지만, 한때는 당신이 부르기도 하고 녹음한 노래를 듣기도 했다. 좋아하는 노래 제목을 적어뒀다가 장에 가는 날 전파사에 들러 테이프에 녹음도 해왔다. 얼마나 들었는지 테이프가 늘어져서 흥겨운 노래가 진양조장단으로 바뀌어도 버리지 않았다. 지금은 한여름에도 춥다는 소리를 달고 계시지만, 그때는 사방 문을 활짝 열고 녹음기에서 흘러나오는 노래를 시원스럽게 따라 부르기도 했다.

엄마에게도 흥이 있다는 걸 처음 안 건, 내가 결혼하고도 한참이 지나서다. 이모들과 함께 간 노래방에서였다. 자매들과 함께 손뼉 치며 노래 부르는 엄마의 모습이 생경했다. 그때 〈처녀 뱃사공〉이나 〈여자의 일생〉을 부르고 〈섬마을 선생님〉과 〈동백 아가씨〉를 평소와 다른 미성으로 사설처럼 풀던 엄마는 다른 사람 같았다.

어릴 때 내게 엄마는 늘 바라만 보던 가야산 같았다. 엄마의 말은 법이었고 칼이었다. 그러니 엄마의 기억으로 굽은 다리가 내 눈에 들어올 리 없었다. 서른, 젊은 나이에 몸도 불편한데 어린 딸 셋을 데리고 살아내려 그 고운 목소리를 깊이 숨겼다는 것도 몰랐다. 결혼하고서도 쌀부터 김장까지 사철 받아먹으며 그게 엄마의 피와 살이었으며 부서진 뼈에서 나온 힘이었다는 것도 생각하지 못했다. 그날, 이미자 가수에 버금가는 엄마의 간드러진 목소리를 들으며 흘렸던 내 눈물은 신맛이 났을 거다. 그때부터 엄마가 좋아하는 가수의 테이프를 사다 드렸다. 몇 해 전에는 노래 백 곡이 담긴 USB로 바꿔 드리기도 했다. 그런데 녹음기에서 흘러나오는 노래를 어떻게 다 노트에 받아 적으셨을까.

 다음 날 엄마와의 통화로 궁금증이 풀렸다. 당연히 엄마가 써 둔 거라고 믿었던 노트는 건넛마을 사는 친구분이 쓰신 거라고 했다. 그분이 노래 교실을 다니며, 엄마를 위해 적어다 준 거였다. 그분은 걸음걸이가 나비 같을 때도, 관절염으로 거북이걸음을 할 때도, 남편이 요양병원에서 투병 중일 때도 종종 엄마를 찾아오셨다. 올 때마다 검정 비닐봉지에 무언가를 챙겨오곤 했다. 지금은 남편을 먼저 보내고, 건강이 좋지 않아 아들 집으로 가셨다고 한다. 이젠 그분이 걷던 길에도 풀만 무성하다.

 노트를 다시 펼쳐서 찬찬히 살펴봤다. 엄마는 "그 사람이 나보다 훨씬 잘 쓰지."라고 했다. 사실 엄마는 옆구리에 난 종기 치료를 제때 못 해서 장애를 얻는 바람에 초등학교에 가지 못했다. 동생들 등 너머로 겨우 한글을 익힌 엄마는 혼자서 읽기와 쓰기를 했다. 덕분에 내가 낸 책도 읽었다고 했다. 농사일이며 장 본 거며 절기에 맞춰 무엇을 심고 수확은 얼마나 했으며, 어떤 약을 치고 언제 김을 맸는지 메모할 수 있는 종이에 늘 적어뒀다. 2009년, 일흔둘에 쓴 일기장을 보면 독학한 엄마의 글씨와 친구분의 글씨체가 비슷하다. 그러고 보니 성인문해교실을 통해 한글을 배운 어르신들이 만든 '칠곡할매글꼴'과도 흡사하다. 요즈음 초등학교에 입학한 할머니들 이야기를 텔레비전으로 보고 있는데 그분들 글씨체도 서로 유사하다.

 엄마와 통화를 마치고 노트를 다시 펼쳤다. 그리고 노트 맨 뒷장을 채운 목차에 없는 노래 세 편의 제목을 따라 읽어봤다. 〈부초 같은 인생〉과 〈사랑아〉, 그리고 〈고향버스〉이다. '내 인생 고달프다 울어본다고 누가 알리요.', '사랑아, 내 사랑아, 나를 두고 가지 마라.', '세월길 따라 인생길 따라 시골 버스 달려갑니다.' 엄마와 친구분의 두런두런 이야기 소리가 들리는 것 같다. 노래 몇 곡은 같이 부르셨을 거라 짐작하며 노트를 다시 책장에 꽂아뒀다. 친구를 생각하며 노래책에서 가사를 옮겨 적은 그분에 대한 감사의 의미다. 타령조라도 좋으니 가사가 틀려도 괜찮으니 노래 부르는 엄마 목소리를 한 번만이라도 듣고 싶은 요즈음이다.

언젠가 내 손금을 보고 산 같은 사람이라고 한 분이 있다. 정작 내게 큰 산은 엄마다. 그 큰 산이 조금씩 무너지고 있다. 온갖 걸 다 적고 계시는 걸 보며 "별걸 다 적으시네."라는 말을 했던 그때가 사무치게 그립다. '사무치다'라는 말이 이렇게 가슴이 뭉클하고 먹먹해지는 말인 걸 예전에는 몰랐다. 손이 저리고 허리며 어깨가 아파 통화하는 것도 힘들다는 말을 자주 하는, 엄마의 노래 없는 밤은 또 얼마나 길까. 다음에 내려가면 녹음기에 앉은 먼지를 닦아내고 좋아하시던 노래라도 한번 틀어드려야겠다.

(2024)

난 정말 몰랐었네   8번

발길을 돌리려고 바람부는 대로 걸어도

돌아서질 않는 것은 미련인가

아쉬움인가 가슴에 이 가슴에

심어준 그 사랑이 이다지도 깊을줄은

난 정말 몰랐었네 아아 아 아

진저 난 몰랐네

2절

발길을 돌리려고 바람부는 대로 걸어도

돌아서질 않는 것은 미련인가 아쉬움인가

가슴에 이 가슴에 심어준 그 사랑이

이다지도 깊을 줄은 난 정말 몰랐었네

친구분이 음악 노트에 적어다 준 노래 가사 일부

2월14일	흐림	오늘은 날이 변덕스럽다 흐리다 맑아다 하 사람이 마음과 같다
		아침에 일어나서 약 을 타려 갈야고 머리 감고 병원을
		갓다 가보니 사람이 너무 많다 안즐 자리조차 업서다
		사람들이 여나 할 것 업시 다 아픈가부다
		허랑 재고 약 타고 나니 한시 좀 되다 그래서 머리 칠려고
		가보니 셧대 내려다 그래서 한약방에 가서 침 맛고
		나니 두시간 넘어다 그래서 점밥 나라고는 식당 가니
		사람이 때가 지나는데 만아다 그래서 칼국수 먹고
		김밥 한 줄 사 고 나와서 차 부지하고 잠완에 가서
		머리 치고 집에 와다

2월15일	흐림	오늘은 일요일 이다 아침에 일어나 오늘도 흐리다
		행상 내 마음 같다 아침 의 려고 어제 사 온 명인 산 마셔 아침 만이게
		먹어다 아침먹으면 서 이런 생각해다 세월은 참 을 차아
		세월은 때들 차아 잘도 오고 가는데 사랑은 무얼하고 사는지
		모르게다 누엇지 안으려고 네모 해노은 거늘 공책에 적고 잇
		는데 마님 큰아 와서 이야기 하고 놀다 보니 두시반이 되다
		숙현어마 보내 노고 저역 밥을 떡이하고도 잠 먹어다 그리고
		저역 먹고 연속극 두가지 다 보고 나니 열한시가 넘어다
		그래도 잠이 안와서 일기 을 쓰고 잇서다 가자리에 누어다

일흔둘이었던 엄마가 쓴 2009년 2월의 일기

춘추 벚꽃처럼

 첫눈이 내렸다. 소담스러운 눈은 세상을 금방 하얗게 덮어 버렸다. 붉은 대왕참나무 이파리 위에, 전나무에, 덜꿩나무 빨간 열매에 눈꽃이 피었다. 눈을 보니 시월 초부터 피기 시작한 꽃 생각이 났다. 아파트 3층 높이의 우듬지를 자랑하는 키 큰 나무에 피기 시작한 꽃이 지금 한창이다. 이 눈보라를 고스란히 받고 있을 꽃의 안부를 살피려고 집을 나섰다.

 우산을 쓰고 종종걸음으로 오솔길을 몇 번 돌고 돌았을 때 저만치 나무가 보였다. 눈보라 속이지만, 며칠 전과 다름없어 보여 마음이 놓였다. 가까이 다가가 보니 마치 눈송이가 꽃 같고 꽃이 눈송이 같다. 눈을 맞으며 둥치 가장 아래에서 뻗은 가지에 핀 꽃을 정성 들여 찍었다. 흩뿌리는 눈 때문에 서너 번의 시도 끝에야 제대로 담을 수 있었다. 집에 와서 사진을 확대해 보니 곁에 아직 피기 전의 봉오리도 있다.

 춘추벗나무는 봄에는 70% 정도의 꽃을 피우고 가을에는 30% 정도의 꽃을 피운다. 봄에는 2주 정도 피지만, 가을부터는 겨울에 이르기까지 몇 달을 피고 진다. 그러니 봄에도 빛나고 가을에도 빛나는 꽃이다. 올해는 시월 초에 첫 봉오리를 열더니 팝콘 튀겨내듯 꽃을 피워 지금이 절정이다.

 수년 전 가을, 화담숲에서 키 큰 나무인 교목에 핀 꽃을 처음 봤다. 가을에 피는 꽃이 궁금해 다음 해에 다시 찾아갔으나 못 보고 왔다. 때를 맞추지 못했거나 나무의 위치를 제대로 기억하지 못해서였을 거다. 그런데 지난해 가을, 내 집 앞에서 같은 꽃나무를 다시 만났다. 그날 여러 그루의 춘추벗나무를 보며 커피를 두어 잔은 마신 것처럼 가슴이 두근거렸다.

 처음 춘추 벗꽃을 보고 온 날, 노년에 배움의 꽃을 피우는 분들 이야기를 들었다. 여든과 아흔을 바라보는 어르신들이 자기만의 속도로 바리스타 자격증에 도전하고 글을 쓰고 랩을 배우며 그림을 그렸다. 인생의 가을을 빛내는 그분들의 열정이

봄과 가을에 피는 춘추 벚꽃 같았다. 젊은 시절과는 다른 꽃을 피우기 위해 노력하는 그분들이, 작지만 짱짱한 가을 벚꽃 같았다. 벚나무 껍질 같은 얼굴과 손 주름조차도 멋진 그분들을 보며 나도 조심스럽게 나만의 가을꽃을 그려 가슴에 품었다. 한번 큰일을 겪고 나니 모든 게 새롭게 보인다. 그러니 나도 한 해를 적당히 나누어 피는 춘추벚나무처럼 내 몸을 적당히 아껴서 알뜰하게 나눠 써야겠다는 다짐이었다.

올해 첫눈은 117년 만의 폭설이라고 한다. 정말 왔나 싶게 흩뿌려 아련하고 애틋함을 남기던 '첫눈'의 이미지를 사정없이 난도질당한 느낌이다. 오후에도 꽃을 보러 갔다. 오전엔 발목을 덮던 눈이 오후에는 종아리까지 올라왔다. 눈의 무게를 이기지 못한 느티나무 가지가 부러졌고 만첩빈도리는 허리를 있는 대로 구부려 땅에 닿았다. 춘추벚나무 작은 꽃의 등에도 습기를 머금은 눈이 소복하다. 하지만, 눈의 무게에 낙화하는 일은 없을 거다. 쉽게 이울지도 않을 거다. 지난해 겨울 혹한의 추위에도 아랑곳하지 않고 피어있던 작은 꽃의 힘을 믿는다.

그날 무슨 마음으로 쓰레기를 버리고 나서 아파트 정원을 한 바퀴 돌았는지 모른다. 공동 현관을 나서자마자 눈에 들어온 붉게 빛나던 덜꿩 열매에 끌렸을까. 나보다 먼저 이사 와서 뿌리 내린 나무들의 이름이 궁금하기는 했다. 낙상홍을 비롯하여 남천과 덜꿩이나 만첩빈도리 같은 키 작은 나무, 키 큰 대왕참나무와 칠엽수를 보다가 정말 우연히 만난 춘추벚나무. 시골 가서 쏟아져 내릴 것만 같은 별을 보느라 고개를 꺾곤 하는데, 요즈음은 도시에서 그것도 대낮에 하늘을 올려다본다.

가끔 머리를 들어볼 일이다. 나보다 큰 나무를 살피고 하늘을 우러러볼 일이다. 춘추벚나무꽃을 보겠다고 멀리 부안 내소사까지도 찾아간다는데 나는 아파트 정원에 여남은 그루의 춘추벚나무를 끌어안고 있다고 생각하니 갑자기 부자가 된 느낌이다. 춘추벚나무를 아파트 조경수로 선택한 누군가의 결정이 참 고맙다.

첫눈은 오늘 밤에 다시 폭설로 이어 달릴 모양이다. 이런저런 걱정이 많아지는 밤이다. 안 되겠다. 내일 아침에도 꽃이나 보러 가야겠다.

(2024)

4.10

10.4

11.27

봄에도 빛나고 가을에도 빛나는 춘추 벚꽃처럼 (2024)

호야의 호시절

 친구가 생겼다. 하나에서 둘이 되니 그녀가 자꾸만 들여다본다. 신기한 일이다. 하루에도 몇 번씩 기웃거린다. 늘 데면데면하더니 요새는 심지어 혼잣말도 한다. 아니, 나 들으라고 하는 말 같기도 하고 친구한테 하는 것도 같다. 실없는 사람처럼 소리 내어 웃기도 한다.
 친구가 내 곁에 올 때는 여리디여린 어린아이 같았다. 그래서 저 아이도 금방 가겠거니 생각했다. 왜냐하면 이 집에 오는 식물들은 수명이 그리 길지 않아서다. 그녀도 매양 무심하지는 않아 정성을 들이는 것 같은데 모두 오래 견디지 못했다.

 어느새 나는 이 집의 터줏대감이 되었다. 질긴 생명력을 타고난 덕분이다. 그녀도 꽃 한번 피우지 않은 날 버리지 않았다. 잘 버티며 느릿느릿 새잎을 틔우다 보니 이 집에 온 지 벌써 5

년째다. 내 곁에 그저 책이나 리모컨, 빨래뿐이었는데 같은 동족이 오고부터 힘이 난다. 살맛이 난다고 해야 할까. 그녀도 전에 없이 조심스럽고 그윽한 눈빛으로 나를, 우리를 바라본다. 비 온 뒤 죽순처럼 쑥쑥 자라는 친구 덕분이다.

그녀의 관심이 이제는 우리를 지나 건너편 호접란과 금전수에까지 미치고 있다. 잎과 줄기에 생기가 도는 게 멀리서도 보인다. 누런 잎을 하나씩 떨어뜨려 안타깝던 금전수였는데 며칠 전부터 뾰족뾰족 붓촉 같은 새순을 내밀기 시작했다.

나는 처음부터 집이 없었다. 지금은 흙이 되었을 또 다른 금전수 아래 세를 든 신세였다. 그런 내게 온전한 집이 생긴 건 그 금전수가 가고 나서였다. 그녀가 큰 화분 중앙에 나를 들어앉혔다. 화원 주인은 이 집에 금전수 화분을 보내며 "가서 잘 자라라."라고 말했다. 지금 생각하니 내가 들은 건 자라라는 말이 아니라 버티라는 말이었는지도 모르겠다.

요즈음 내 몸에서 새로 나온 잎이 아침햇살을 받아 빛나는 걸 보고 있으면 막 세수한 아기 얼굴 같다. 어느 날은 방금 닦은 거울처럼 반짝반짝 빛나기도 한다. 지난번엔 모여 난 작은 잎이 별처럼 보이더니 어느새 크림색 한지 부채가 되어 있다.

이제 지난날의 내가 아니다.

얼마 전에는 그녀가 내 몸에서 나온 새잎을 보더니 '세상에!'라며 감탄사를 연발했다. 혼자였을 때도 줄기를 뻗고 잎을 키웠는데, 요즘엔 내가 봐도 조금 다르긴 하다. 올 때는 키가 작았던 친구가 거침없이 줄기를 뻗는 걸 보며 나도 모르게 힘을 모았나 보다. 곁에 나와 같은 누군가 있다는 게 힘이 된다. 금전수 그늘의 아늑함과는 다른 느낌이다.

"5년쯤 되었으니, 꽃도 피면 좋겠다." 오늘은 그녀가 내게 대놓고 말한다. 그러고는 바로 "염치없는 바람이지."를 후렴구로 날리며 민망한 생각을 덮는 눈치다. 어제 '호야 키우는 방법'을 찾아보더니 꽃 사진도 본 모양이다. 그런데 나도 꽃을 피울 수 있을까.

오늘도 우리는 병아리 부리만 한 새잎을 하나씩 내놨다. 그녀가 물을 주고 영양제까지 꽂아놓더니 우리 사진을 찍어 누군가에게 보냈다. 바로 전화가 왔다. "우리 집 호야의 호好시절은 지금부터인가 봐."로 시작한 통화가 한참 이어졌다. 우리를 이곳으로 보내온 건 그녀의 친구와 친구의 동생이었나 보다. 같은 화원에서 온 우리, 그리움을 품고 고독한 시간을 버텼더니 그렇게 아름다운 사랑이 찾아왔다.

"버텨줘서 고맙다." 그녀가 내 가장 오래된 잎을 쓰다듬으며 말했다. 꽃을 피우지 못해도 괜찮다는 말로 들렸다. 그리고 손바닥을 자기 가슴에 대고 토닥토닥했다. 내가 몸으로 버틸 때 그녀는 마음으로 버텼나 보다. 갑자기 내가 그녀의 버팀목이라도 된 것처럼, 되었던 것처럼 뿌듯해졌다.

지금부터는 나와 그녀의 호시절이다.

(2023)

식물도 혼자는 외롭다 (2025)

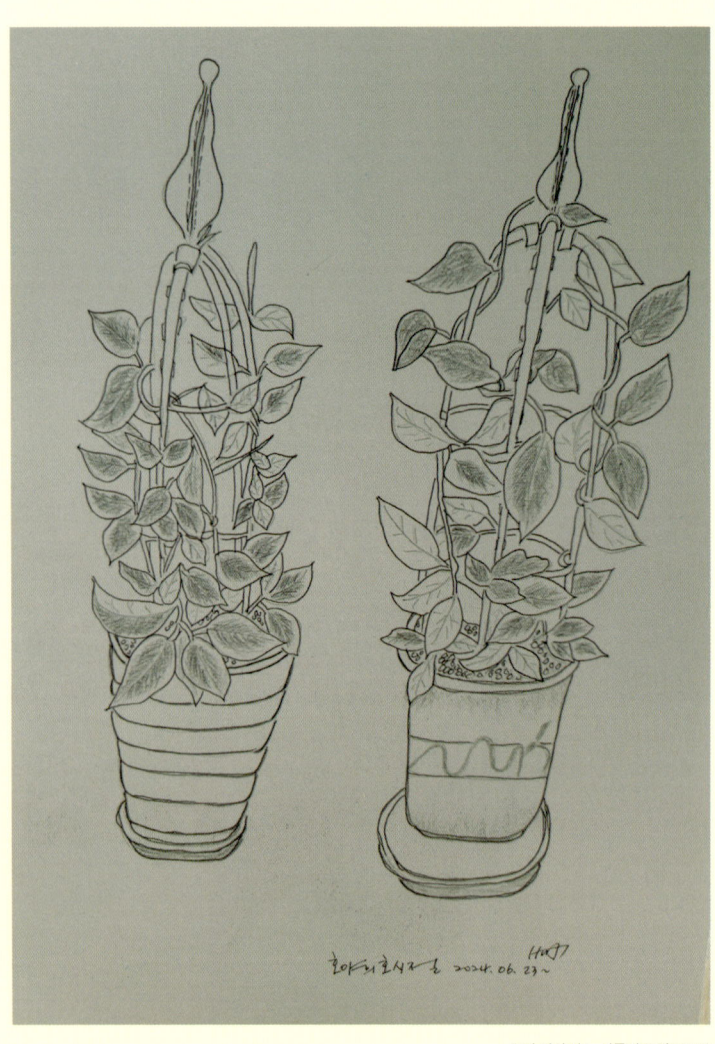

우리 집의 장수 식물인 호야 (2024)

오늘의 봄을 봄

"시한아~"

동생을 부르는 형의 목소리가 세상 다정하다. 집이 아닌 어린이집에서 만나는 동생이 무척 반가운 모양이다. 집에서 동생이 만지는 장난감마다 눈에 불을 켜고 달려들어 내 것이라며 뺏던 형이 맞나 싶다. 동생이 신발을 신는 중에도 다가가 안아 주고 볼을 비빈다.

아이들은 중앙 현관을 나서기 무섭게 나를 보더니 동시에 두 팔을 들어 올리며 한쪽 팔에 하나씩 매달린다. 다섯 살짜리는 말로, 두 살짜리는 눈빛으로 안아달라고 한다. 그동안 몸으로 놀아 준 아빠의 돌봄이 남긴 후유증이다. 할아버지가 달려와 번쩍 안아 든다. 울타리인 사철나무의 키를 넘어선 아이들이 신이 나서 엉덩이와 손을 흔든다.

아이는 차에 타자마자 친구들이 동생을 보고 싶어 할 거라며 놀이터에 가자고 조른다. 추워서 아무도 없을 거라고 달래도 막무가내다. 할 수 없이 할아버지가 놀이터 앞에 차를 세워줬다. 울상이던 얼굴이 활짝 펴지며 먼저 내리더니 동생에게 손을 내민다. "시한아, 내 손잡고 내려." 혼자서도 내리기 힘들다며 투정을 부린 게 엊그제인데 오늘은 동생 앞에서 의젓한 형이다. 이제 아빠도 엄마도 일하러 가서 낮에는 자기가 형 노릇을 해야 한다고 생각하는 걸까.

찬바람이 독차지한 놀이터는 썰렁하다. 친구들이 없으니 집에 가자는 내 손을 잡아끌며 다른 놀이터로 향한다. 연필 놀이터를 지나 세 번째 놀이터까지 둘러보지만, 갑자기 추워진 날씨에 아이들이 있을 리 없다. 풀이 죽은 아이가 친구들이 숨은 것 같다며 "얘들아, 어디 있니?"라고 목청껏 외친다. 아이의 목소리는 메아리가 되어 빈 놀이터 미끄럼틀과 정글짐을 지나 우리에게 다시 돌아왔다.

다음 날은 추위가 조금 더 누그러졌다. 아파트 놀이터가 아이들 소리로 꽉 찼다. 가벼운 옷차림만큼이나 아이들의 몸놀

림도 날래다. 산수유와 홍매의 꽃망울도 눈에 띄게 커졌다. 어제와 다르게 물이 오른 나무가 아이들을 불러낸 걸까. 아니면 아이들의 재잘거리는 소리에 꽃망울이 부푸는 걸까.

분주하게 뛰어다니던 아이가 손에 쥐고 있던 장난감을 가방에 넣었다. 본격적으로 뛰어놀겠다는 신호다. 곁에 있던 친구의 누나가 "나 잡아봐라." 하며 뛰기 시작한다. 손자를 비롯한 서너 명의 꼬마들이 쪼르르 달려간다. 별거 아닌데도 까르르, 깔깔깔, 꺅, 다양한 방법으로 신나는 걸 표현한다. 이제 두 돌이 채 안 된 아기도 그 틈에 끼어 한몫 거든다. 아장아장 언덕을 오르고 원통형 미끄럼틀을 겁 없이 내려온다.

양지쪽 의자에 앉아 아이를 살피며 한담을 즐기는 엄마들 사이에 낀 할머니는 무료하다. 그때 너른 놀이터를 마다하고 큰 나무 아래 비좁은 언덕에서 열심히 땅을 파는 아이가 보인다. 작은 구덩이에 회양목잎이 수북하다. 뭘 하는지 물어보니 소꿉놀이 중이란다. 회양목 이파리를 한 잎씩 따서 조그만 손안에 저축하듯 차곡차곡 쌓아 밥을 짓는다. 아이의 행동이 마치 찻잎 따는 어른처럼 공손하다. 아이들로 가득 찬 놀이터가 어제와 달리 살아 숨 쉬는 것 같다.

자주 가는 산책길에 아파트 놀이터가 있다. 얼마 전에 지나며 보니 새로 단장하여 놀이공원 못지않은 멋진 곳으로 변해있었다. 그런데 그곳을 지날 때마다 놀고 있는 아이들을 본 적이 없다. 내 산책 시간과 아이들이 모일 시간이 겹치지 않은 것일까. 조용한 놀이터를 지날 때마다 아깝다는 생각이 든다.

내가 아이 둘을 키울 때 살았던 저층 아파트는 손바닥만 한 모래 놀이터에 그네 하나와 시소 하나가 전부였다. 그래도 늘 북적였다. 우리 아파트뿐만 아니라 이웃한 빌라며 주택에 사는 아이들이 모두 모였다. 아이들이 뛰어놀면 놀이터 바로 앞인 1층 우리 집까지 흙먼지가 날아와 쌓였다. 저녁엔 먼지가 보얗게 내려앉은 옷을 벗기고 씻기는 게 일이었다.

그런데 이제 아이들이 자꾸만 줄어가고 있다. 2022년만 해도 우리나라 평균 출산율이 0.78명이라고 하니 인구절벽이라는 표현이 딱 맞다. 서울에 한 초등학교가 폐교하였고 전국의 초등학교 중 신입생이 없는 학교는 147개교나 된다. 2050년이 되면 우리나라 인구도 사천만 명대로 줄어들 거라는 연구 결과가 있다. 그래서 주변에 결혼하고 아기를 낳는 사람을 보면 반갑고 고맙다.

유치원에 가지 않고 집에서 엄마 아빠 동생과 놀았으면 좋겠다던 손자는 이제 종일반이 되어 집보다는 유치원에서 더 많은 시간을 보내고 있다. 그게 안타까워 태권도를 보내주려고 했더니 그건 때려야 하는 거라서 싫지만, 발레는 하고 싶다던 손자. 먹기 싫어도 선생님이 슬퍼해서 먹어야 한다던 고운 심성이 오늘의 봄 같다. 부디 그 마음 잃어버리지 말고 여름처럼 자라 건강하고 단단하게 나이테를 키워갔으면 좋겠다.

(2023)

꼬마는 회양목 이파리를 모아 밥을 지었다

마음에 피는 꽃

맥문동 사이사이에 보랏빛 아주가 꽃이 한창이다. 작년엔 없었는데 미화원 아주머니가 또 옮겨 심었나 보다. 화단을 빈틈없이 차지하고 때맞춰 피는 꽃들을 볼 때마다 아주머니가 생각난다.

2년 전쯤의 일이다. 강아지와 산책하다가 아파트 뒤뜰에서 금창초 꽃을 봤다. 키 큰 풀들 사이에 핀 꽃이 엄마 뒤에 숨은 수줍은 아이 같았다. 제주에서 처음 봤는데 생각지도 못한 곳에서 만나니 가슴이 두근거렸다. 흥분하여 작은 꽃을 바라보며 오랜 지기라도 만난 듯 '반갑다'라는 말을 몇 번이나 했다. 그 뒤로 수시로 찾아가 눈 맞추며 설렘을 나누고 사진도 찍었다. 갈 때마다 꽃을 피운 금창초가 여기저기 늘어났다. 꿀풀과 조개나물 닮은 꽃을 가만히 보고 있으면 작은 어린아이가 모자를 쓰고 춤추는 것 같았다.

   그날도 집에 오는 길에 일부러 방향을 틀어 꽃을 보러 갔다. 그런데 꽃이 깡그리 사라졌다. 금창초 꽃이 있던 자리마다 맨 흙만 드러나 있고 주변에 봉오리 맺었던 것들까지 없어졌다. 처음엔 황당했고 다음엔 내 것도 아닌데 화가 났고 그러다가 '누군가 알고 캐갔으니 잘 키우겠지.'라며 집으로 돌아왔다. 그래도 꽃이 사라진 빈자리가 머릿속에서 맴돌았다.

   며칠 뒤, 평소에 잘 안 가던 맞은편 동 화단 옆을 지나가다가 미화원 아주머니를 만났다. 비비추와 맥문동 사이 빈자리를 찾아 무언가를 심고 있었다. 제법 자란 아주가였다. 한참 바라보는 내게 이름은 모르겠는데 꽃이 피면 예뻐서 옮겨 심는다고 했다. 꽃 이름이 '아주가'라고 했더니 그러냐면서 금방 까먹을지도 모르는데 이름을 알려줘서 고맙다고 했다.

   사라진 금창초도 아주머니가 옮겨 심은 건 아닌가 싶어 물어봤다. 그랬더니 풀을 뽑다가 꽃이 피었길래 캐다가 꽃밭 빈 곳에 골고루 옮겨 심었다고 한다. 예쁜 꽃을 알아보고 옮겨 심어 준 아주머니가 고마웠다. 그 꽃 이름은 금창초라며 또 묻지도 않은 꽃 이름을 말해 줬다.

내가 사는 아파트 동은 다른 곳보다 햇볕이 잘 든다. 그래서 꽃들이 잘 자란다. 이른 봄 붓촉처럼 뾰족한 비비추 싹을 시작으로 초롱꽃과 원추리 싹이 올라오고 진달래가 피면서 종지나물도 덩달아 땅을 빛낸다. 그런데 작년부터 못 보던 꽃이 늘기 시작했다. 키 큰 범부채 주변에 노랑 낮달맞이가 우르르 피고 금잔화는 가을까지 화단을 물들였다. 노란 한복 저고리 같은 소국이 필 때는 저절로 발걸음이 느려지기까지 했다. 화단 빈틈에는 여지없이 아주가가 자리를 잡았다. 그게 다 미화원 아주머니의 손길로 만들어진 풍경이다.

아주머니는 청소하다가 틈만 나면 풀을 뽑고 빈자리가 생기면 빽빽하게 자라는 꽃들을 솎아다 심는다. 잘 자라는 꽃을 보고 있으면 아주머니의 손이 요술을 부리는 것 같다. 이름은 알고 있으나 잘 키우지는 못하고 보고 즐길 줄만 아는 나와 달리 그분은 이름은 모르지만, 예쁜 꽃을 옮겨심기만 해도 잘 자라니 아주머니도 꽃이다.

아주머니가 옮겨 심은 금창초가 이번에도 뿌리를 잘 내린 모양이다. 보송보송한 솜털과 함께 꽃망울을 맺었다. 풀밭에서도 화단에서도 꽃은 빛난다. 지난번 만첩빈도리와 뜰보리수 아래 금창초 몇 포기가 있는 걸 봤다. 지금쯤 꽃이 피었을 것 같아 내친김에 아파트 산책로를 한 바퀴 돌아봤다. 소나무와 벚나무 아래, 풀이 무성했던 빈터마다 아주가가 줄을 맞춰 자리를 잡았다. 아무래도 올봄엔 아파트가 보랏빛으로 물들어 갈 건가 보다.

꽃들이 필 때마다 아주머니가 생각난다. 호미를 들고 풀을 뽑으며 빈 곳이 생기면 꽃으로 채워 넣던 모습이 눈에 선하다. 분꽃이 바람에 휘어졌을 때 줄로 잡아매 준 것도 아주머니였을 거다. 올해는 낮달맞이 새싹이 제법 많으니 조만간 비가 오면 또 어딘가로 옮겨 심을지도 모르겠다. 철 따라 피는 꽃을 보면서 아주머니가 옮겨 심은 건 꽃만이 아니라는 걸 깨닫는다.

바야흐로 땅에도 사람 마음에도 꽃들이 절정인 계절이다.

(2023)

아파트 오솔길 모퉁이에서 땅에 붙어 자라는 금창초

아주머니가 소나무 아래 옮겨 심은 아주가

음식 부패 감지기

금방 아침을 먹은 것 같은데 어느새 점심때가 되었다. 요즘 들어 하루에 세 끼가 아니라 한 끼면 좋겠다는 생각이 간절하다. 냉장고를 열어보니 사흘 전에 만들어 둔 콩국이 보인다. 여름이라 괜찮을까 모르겠다. 어제는 올해 첫 폭염특보가 내려지기도 했고 사흘이 지났다면 께름직하다. 그래봐야 먼저 냄새를 맡아보고 다음은 먹어보는 건데, 문제는 내 후각과 미각을 못 믿는다는 데 있다.

일단 색깔은 괜찮아 보인다. 뚜껑을 열고 냄새를 맡아보는데 잘 모르겠다. 이번엔 맛을 본다. 괜찮은 것도 같고 조금 이상한 것도 같다. 썩 나쁘지 않다. 일단, 국수 삶을 물을 올려놓고 김치를 꺼내려는데 오래된 반찬들이 눈에 띈다. 며칠 전에 먹고 남은 삼겹살 한 쪽이 냉장고에 그대로 있다. 냉동실에 넣어둔다는 걸 깜빡했다. 꽈리고추 조림이랑 콩조림, 가지무침,

나물 등을 꺼내놓고 생각에 잠긴다. 어제 종일 집을 비웠으니 손도 안 댔을 게 뻔하다. 만든 지 며칠이 지났으니 찜찜하다. 조림은 그렇다 해도 나물 종류는 그날 먹지 않으면 다시 먹기 어렵다. 많이 먹지 않아 반찬을 적게 만드는데 그래도 버리는 게 생긴다. 마지막으로 고기는 색깔이 변한 것 같아 버렸다. 아깝다는 생각이 없지는 않았으나 육류는 색깔이 조금만 변해도 께름칙하다.

콩국수와 잘 익은 오이김치를 먹으며 휴대전화기로 뉴스를 보다가 흥미로운 기사를 읽었다. 앞으로는 오늘처럼 냄새나 색깔, 맛으로 상한 음식을 확인하지 않아도 될 모양이다. 튀르키예 연구진이 음식물 표면에 붙여서 부패 여부를 알아낼 수 있는 감지기를 만들어 냈다고 한다. 플라스틱 소재로 만들어 크기도 손톱만 한데, 특히 육류나 어류의 단백질이 상할 때 나오는 물질을 감지하고 분석해 근거리 무선통신으로 의뢰자의 휴대전화로 전송한다고 한다.

언젠가 대형 상점에서 삼겹살을 산 적이 있다. 저녁에 장을 봐 다음 날 먹으려고 냉장고에 넣어뒀다. 그런데 이튿날 고기를 꺼냈는데 변색이 되어 있었다. 전날의 선홍빛은 온데간데

없고 푸르딩딩한 것이 보기에도 안 좋은 데다 포장을 뜯었더니 냄새까지 났다. 매장에 전화했더니 가지고 오면 교환이나 환불을 해주겠단다. 종일 움직여서 피곤하고 귀찮았지만, 가격표를 보고는 일어나지 않을 수 없었다.

한번은 집 근처 마트에서 오징어를 몇 마리 샀다. 손질해 주지 않는 대신 가격이 쌌다. 그런데, 집에 와서 보니 오징어끼리 겹친 부분들 색깔이 많이 안 좋았다. 냄새를 맡아봐도 싱싱한 것과는 거리가 멀었다. 알려야 할 것 같아 고객센터에 전화했다. 그런데 얼마 후 직원이 싱싱한 오징어를 가지고 집까지 찾아와서 놀랐다.

이제 음식 부패 감지기가 상용화되면 환불받거나 교환을 위해 다시 갈 일도 없을 테고 직원이 직접 들고 오는 일도 없겠다. 내가 겪었던 일은 옛날이야기가 될 것이다. 요즈음 유행인 새벽 배송은 물건이 안 좋다고만 해도 바로 돈으로 돌려주거나 새 물건으로 바꿔서 보내주기도 한다.

기사를 읽으며 콩국수를 먹다 보니 어느새 그릇이 말끔해졌다. 김치를 얹어 먹었으니 내가 기억하는 콩국수 본연의 맛도 모른 체 말이다. 변했다면 혀에서 먼저 느끼지 않았을까. 오늘이 아닌 내일 먹었다면, 께름해 버렸을지도 모른다. 지구에서 만들어지는 음식물의 3분의 1은 사람의 입이 아닌 쓰레기통에 버려지며 그 양은 연간 14억 톤이나 된다고 한다. 남은 음식을 버릴 때마다 죄책감이 드는 이유다.

  색이 조금 변해서 버리고 보관 기간을 정확히 기억하지 못해 버리는 음식만 줄여도 음식 쓰레기양이 조금은 줄지 않을까. 오늘만 해도 갈변하여 화석처럼 변한 바나나를 비롯하여 나물 반찬에 오래된 장조림, 고기까지 음식물 쓰레기로 버렸다. 먹을 만큼만 사고 만들어도 식구가 적다 보니 생기는 일이다.

  음식물 쓰레기를 줄일 수 있는 음식 부패 감지기가 상용화되면 음식 쓰레기가 조금은 줄어들지 않을까. 물론, 가정에서야 적게 만들고 남기지 않아야 하겠지만 말이다. 오늘도 남은 음식, 상한 음식을 버리며 다음부터는 조금 덜 만들어야지 다짐한다. 식구도 줄고, 식욕도 줄고, 그러니 음식 만드는 작은 손이 점점 더 작아진다.

(2023)

오늘의 배경 화면

언제부터인가 노트북을 켜면 화면이 수시로 바뀌기 시작했다. 컴퓨터를 켤 때마다 에메랄드빛 바다가 펼쳐지거나 세상에 없을 것 같은 멋진 풍경들이 나온다. 화려한 깃털을 뽐내는 새가 화면을 가득 메울 때도 있다. 오늘은 진보랏빛으로 출렁이는 라벤더 꽃밭이다.

처음에는 아이콘이 잘 보이지 않는 데다 정신 사나웠는데, 희고 검은 활자의 세상으로 들어가는 문치고는 괜찮다는 생각에 이젠 즐긴다. 같은 자리에 앉아서 네모난 창을 통해 보는 세계, 마치 내가 걷는 산책로의 변화하는 모습과도 같다. 늘 같은 길을 걷는다. 주로 하천 산책로지만, 자주 가는 곳 중 하나가 생태숲이다. 집에서 직선으로 이백여 미터만 가면 숲이 나온다. 오늘도 활자의 늪에서 허우적대다가 숲으로 갔다.

어제도 걸었던 길이다. 하루 전에는 직박구리가 스트로브잣나무 가지에 그림처럼 앉았다가 참나무 숲으로 사라졌다. 오늘은 박새 몇 마리가 같은 나무 낮은 가지에 앉아 있다. 인기척을 느꼈는지 약속이나 한 듯이 바람에 날리는 낙엽처럼 포로롱 관목숲으로 숨어들었다. 연초록이던 청년의 숲이 어느새 초록이 짙은 품 넓은 장년으로 성장했다. 걷는 길은 매양 같으나 보이는 건 언제나 다르다. 그래서 늘 같은 곳을 걸어도 매번 새롭다. 반복하는 일이지만 전혀 지루하거나 지겹지 않다.

갈림길 쉼터에는 오늘도 휠체어를 타고 숲으로 마실 나온 분이 있다. 나와 같은 시간대, 어제와 같은 자리다. 도움 주시는 분과 같은 방향을 보며 이야기를 나눈다. 그들의 시선 너머 까치 두 마리가 사뿐사뿐 춤추듯 계단을 오른다. 오래전 오대산 적멸보궁을 오르는 계단에서 만난 까치 같다. 그날 까치는 마치 길잡이라도 되는 것처럼 내 앞에서 계단 끝까지 올라가더니 곧장 숲으로 날아갔다. 저 둘은 까치를 보며 무슨 이야기를 나누는 걸까. 두런두런하는 말소리가 나무들의 키를 넘지 않아 숲과 잘 어울린다.

걷다 보면 보이는 것들을 관찰하게 된다. '사물이나 현상을 주의하여 자세히 봄'이란 관찰의 개념대로 자세히는 아니지만, 자연스럽게 관심을 두게 된다. 우리의 삶은 의식이 아니라 무의식에서 나온다고 한다. 내 행동 너머의 그 무엇은, 자연을 향한 무의식인가 보다.

오늘은 칠자화의 잎을 찬찬히 살펴봤다. 하트 모양의 잎도 줄기의 껍질도 산수유와 비슷하다. 어느새 올라온 꽃대, 벌써 몇 송이는 피었다. 칠자화는 하얀 꽃을 피우고 남은 빨간 꽃받침이 마치 꽃 같아서 1년에 두 번 꽃을 피운다는 소리를 듣는 나무다. 꽃이 활짝 피면 코끝에 스밀 향기를 맡기 위해 또 이 길을 천천히 걷게 될 거다. 이렇게 새소리를 듣고 나무와 풀을 보며 걸을 때마다 발에 감사하다.

맨발 걷기가 숙면에 도움을 준다기에 한동안 날마다 걸었다. 그랬더니 발에 문제가 생겼다. 평발이라는 걸 잊었다. 사실은 평발보다 발바닥 아치와 복숭아뼈 중간에 복숭아씨만 한 뼈가 문제라고 했다. 남들에게 거의 없다는 뼈가 내 발엔 눈에 띄게 도드라졌다. 사진으로 보니 바다를 향해 뻗은 반도 같은 뼈가 보였다. 평발인데 맨발로, 그것도 긴 시간 동안 땅을 디뎠으니 튀어나온 뼈가 견디지 못하고 탈이 난 거라고 했다. 당분간 걷는 것도 조심하라는 의사의 소견에 시무룩해서 집으로 돌아왔다. 한동안 걷지 못하니 소화도 안 되고 좀이 쑤셨다.

걸을 때는 천천히, 때로는 멈춰야만 자세히 볼 수 있는 것도 있다. 오늘은 며칠 전에 못 봤던 고마리가 눈에 띈다. 그때는 하늘을 봤거나 다른 것을 보느라 놓친 것 같다. 고마리처럼 작은 꽃을 보려면 쪼그리고 앉아 꽃과 눈높이를 맞춰야 한다. 고마리 흰 꽃은 멀리서 보면 메밀꽃 같다. 분홍색 고마리꽃은 하나하나 살펴보면 작은 연꽃과 흡사하다. 흰 꽃과 분홍 꽃이 약속이나 한 듯 영역의 경계가 분명하다. 수질 정화의 일등 공신이라는 고마리와 진흙 속에서 피는 연꽃, 두 꽃의 맑은 빛은 모두 흐림에서 왔다.

오늘도 걸으며 보고 바라본 것들을 생각한다. 내가 무언가를 본다는 건 공부하는 중이라는 거다. 관찰하며 궁금한 건 찾아본다. 그리고 금방 잊기도 한다. 다음에 또 찾아본다. 그때는 좀 더 오래 기억한다. 처음 본 사람의 얼굴을 몇 번은 봐야 기억하는 것과 같다.

 도심의 낮은 산 하나를 1년에 사백 번 가까이 올랐다는 사람이 있다. 하루에 두 번 이상 오른 날도 있다는 계산이 나온다. 그는 매일 걸었던 같은 길이 지루하지 않았다고 했다. 풀 한 포기 자라는 것, 꽃이 피고 낙엽 속에서 바스락거리며 풀이 올라오고 연녹색부터 진초록에 갈색 낙엽까지 매번 다른 풍경이 펼쳐진 덕분이라고 했다. 부지런한 자연이 만들어 낸 배경 화면이다.

 집으로 돌아와 씻고 퇴고를 위해 다시 컴퓨터를 켰다. 이번에는 떠다니는 빙하 같은 물거품이 몰려가는 사진이 떴다. 하늘에서 찍은 듯 백사장에 일렬로 펼쳐놓은 색색의 파라솔이 마치 줄임표처럼 보인다. 말을 더 덜어내 칠자화 같은 은은한 여운을 남기라는, 오늘의 배경 화면이 주는 메시지다.

(2025)

풍요로운 삶을 영위한다는, 일곱 아이를 품은 칠자화七子花 (2025)

안녕, 사마귀

2주 만에 친정에 가니 마당인지 풀밭인지 모를 정도로 풀이 자랐다. 풀은 사람보다 먼저 계절을 알아챈다. 순서대로 싹을 틔우고 자라 꽃을 피우고 씨를 맺고 다음을 기약한다. 마당을 뒤덮은 민들레와 바랭이, 괭이밥을 뽑아내는데, 온갖 벌레들 세상인 풀의 그늘에서 생각지도 못한 곤충이 튀어나왔다. 아주 작은 데다 갈색인 거로 보아 좀사마귀 같다. 벌레와 곤충이라면 기겁하는 내가 친구 덕분에 사마귀에는 좀 관대해졌다.

지난해 여름, 친구가 사마귀를 키워서 독립시켰다. 친구는 사마귀를 발코니 고추 화분에서 발견했다고 했다. 그녀 집은 도심 한복판에 있다. 아파트인 데다 14층이다. 가까이 공원이나 숲도 없다. 그러니 친구 말대로 사마귀는 하늘에서 떨어졌는지도 몰랐다. 암컷은 수컷보다 많은 데다 몸이 무거워 잘 날

지 못한다는데, 아마도 고층 아파트까지 날아온 걸 보면 수컷이 아니었을까 추측했다. 그런데 첫날 보내온 사진을 보니 머리며 몸통 등, 사마귀 태가 제법 나지만 아직은 날개도 없는 아주 어린 사마귀였다. 한껏 꼬리를 말고 가는 다리로 아파트 발코니 벽면에 매달린 모습이 마치 꼬마 발레리나 같았다.

사마귀를 발견한 지 5일째, 관찰에 들어간 친구가 걱정하기 시작했다. 화분에 심은 고추에 진딧물이나 벌레가 없으니 뭘 먹는지 슬슬 걱정이 되었던가 보다. 그러던 어느 날 탈피하는 과정까지 보게 되었다는 문자가 왔다. 그날 한참이 지나도록 다리 한쪽 껍질을 벗지 못하는 게 안타까워서 살짝 도와줬는데, 다리를 저는 것 같아 여간 마음이 쓰이지 않았다는 대목에서는 나도 같이 '쯧쯧' 혀를 차고 말았다. 나까지, 친구 집에 얹혀사는 사마귀가 잘 있는지 궁금하여 종종 안부를 묻기에 이르렀다.

2주째 되었을 때 두 번째 탈피를 마친 사마귀 사진을 보내왔다. 다리도 굵어졌고 꼬리도 통통한 게 이젠 성충이 다 된 모양이라 했더니 사마귀는 일곱 번이나 탈피한단다. 사진을 보며

'넌 성충이 되려면 당당 멀었구나.'라는 혼잣말을 했다. 고작해야 7개월이나 1년을 살면서 일곱 번이나 탈피해야 하니 사마귀의 삶도 참 쉽지 않겠다.

사마귀가 온 다음부터 친구는 산책하러 나가면 벌레를 찾아다녔다. 날이 더워서인지 흔하게 보이던 파리도 통 안 보인다며 속상해하던 날, 집에 돌아가 갈치살을 발라 먹이는 사진을 보내왔다. 아주 작은 생선 조각을 야무지게 잡고 먹는 사진 속의 사마귀, 얼핏 보면 고추 이파리로 보였다. 돼지비계도 잘라 줬더니 잘 먹는다고 한다. 이젠 반려 곤충이 다 되었다.

며칠 후, 이번엔 사마귀가 파리 한 마리를 사냥해서 먹는 사진을 보내왔다. 육식을 즐기는 곤충이라서일까. 꼬리를 한껏 말아 올리고 전사처럼 톱니 달린 날카로운 앞다리를 낫처럼 구부려 파리를 잡고 있다. 크기로 보아 그동안 여러 번 탈피를 마친 모양이다. 발코니 고추 화분이, 살 만한 공간인 걸까. 가끔 파리도 날아와 주고 그도 없는 날에는 집주인이 먹을 것도 챙겨주는 데다 천적인 개구리나 뱀, 새가 근접하기 어려운 곳이니 그곳만큼 안전한 곳은 없겠다. 친구네 반려 곤충이 된 사마귀 소식을 듣는 것과 비슷한 시기에 『가재가 노래하는 곳』이란 책을 읽기 시작했다.

  주인공인 카야에게 생명의 안식처는 습지다. 폭력적인 아버지를 피해 엄마도 그녀를 떠났고 형제와 자매도 그녀를 떠났다. 그녀 곁에 남은 건 폭력을 행사하던 아버지인데, 그마저도 떠났다. 습지 밖 어딘가로 연결된 오솔길로 떠난 가족들, 가족이 모두 떠났을 때 카야의 오솔길은 사라졌다. 그리고 바다에서 한 소년을 만났다. 각종 깃털을 주고 글을 가르쳐 준 소년, 테이트가 습지와 카야를 떠났을 때, 그녀는 자기 자신을 지키기 위해 그야말로 고군분투했다. 비틀거리는 카야를 지켜주는 건 언제나 습지의 땅이었다. 그러니 혼자 남은 카야에겐 습지가 엄마였고 아버지였으며 가족이었다. 그녀를 향한 습지 밖 사람들의 시선으로부터 도망친다는 건 죽는 것이나 다름없었다. 그런 그녀에게 남은 선택은 싸워서 물리치는 거였다. 뒤로 가지 못하는 사마귀가 길에서 만난 장애물을 향해 앞발을 들고 날개까지 펴듯이 말이다.

  습지에 살던 카야에게는, 그녀가 채취한 홍합을 사 주고 옷가지를 챙겨주던 점판 부부 외에 모두 포식자나 다름없었다.

그런 그녀에게는 자연이 부모이고 선생이었으며 의지처였을 거다. 그래서 암컷 사마귀가 수컷을 잡아먹고 반딧불이도 불빛으로 수컷을 유인해 잡아먹는 자연의 섭리를 보며 카야는 자신을 지키는 방법을 습득했다. 그래서 자신을 겁탈하려는 체이스를 없애는 것이 자기가 사는 길이라 여겼을 거다. 그건 카야만이 할 수 있는 일이었다. 습지의 주인이 카야라서 가능한 일이었다.

책을 다 읽었을 때쯤 친구는 다 자란 사마귀를 양파 망에 담아 공원 잔디밭에 풀어줬다고 했다. 그날은 <가재가 노래하는 곳>을 영화로 보고 있었다. 카야가 그린 사마귀 그림이 친구가 보내온 사마귀 사진과 같았다. 카야가 체이스를 죽인 건 그와는 다른 이유였으나 친구가 키워 보낸 사마귀 이야기를 들으며 마치 카야가 사마귀 같다는 생각이 자꾸 들었다.

친구가 보살핀 사마귀와 카야의 이야기를 생각하며 풀을 매다 보니 어느새 마당이 깔끔해졌다. 사마귀를 올려 둔 에어컨 실외기 근처로 가보니 구석 자리에 아직도 그대로 있다. 다리와 더듬이 등이 멀쩡한 거로 보아 상처를 입지는 않은 것 같다.

사마귀를 휴대전화기로 찍었다. 그리고 커다란 호박잎을 따다가 사마귀를 태워 풀밭으로 옮겨 줬다. 안전한 한살이를 위해.

(2025)

친구네 베란다 고추 화분의 사마귀 (2024)

친정 마당 풀숲에서 나온 사마귀 (2025)

날개 펴다, 새처럼

　새가 되고 싶었던 걸까. 옆구리에 새의 날개 같은 무늬를 가지고 태어난 개가 있다. 다섯 마리가 어미의 한배에서 태어났으나 혼자만 점이 아닌 눈에 띄는 얼룩을 지녔다. 강아지의 주인은 자신의 강아지들이 아빠 개처럼 맹도견이 되기를 바랐다. 하지만 훈련소에서는 맹도견으로 받아들여지려면 부모 모두 맹도견이어야 가능하다며 거절한다. 그래도 주인은 희망의 끈을 놓지 않았다.

　주인의 끈질긴 요청 끝에 훈련소에서 단서를 달아 받아줄 수도 있다는 답을 줬다. 몇 번이나 불러도 바로 달려오지 않고 와서도 왜 불렀냐는 눈빛을 한 강아지가 있다면 가능하다고 말이다. 주인이 강아지들의 이름을 부르자 네 마리가 꼬리를 흔들며 쪼르르 달려갔다. 얼룩이 강아지는 주인을 향해 달려가는 강아지들을 멀뚱히 바라만 봤다.

태어난 지 45일, 얼룩이 조나단은 그렇게 맹도견이 되기 위해 첫 번째 보호자와 이별했다. 그렇다고 바로 안내견 훈련소로 가는 건 아니었다. 안내견이 되려면 적합한 품성을 키워주는 안내견 교육자(퍼피 워커)와 일정 기간 함께 지내야 한다.

안내견 교육자인 미츠코 부부는 조나단이 사람들과 친숙해지도록 도우며 1년을 함께 생활했다. 거기서 얼룩이 조나단은 '새의 날개'라는 뜻을 지닌 '퀼'이라는 이름을 얻었다. 퀼은 크고 강한 날개라는 뜻이라고 한다. 그리고 만 한 살 생일에 퀼은 훈련소로 가기 위해 두 번째 보호자인 미츠코 부부와 헤어진다.

훈련소로 가는 차에 탄 퀼이 자동차의 앞이 아닌 뒤를 향해 앉았다. 손을 흔드는 미츠코 부부를 바라보는 퀼의 눈이 마치 화면 밖의 나를 보는 것만 같았다. 무슨 말이라도 해줘야 할 것 같았다. 자연스럽게 개잠 자는 몽이에게 시선이 갔다. 우리 집에 온 지 12년, 이제 열세 살이 된 몽이도 눈으로 말할 때가 많다. 밥 달라고, 나도 데려가 달라고, 놀아달라고.

뛰어난 재능을 보여줄 것 같았던 퀼은 훈련에 잘 적응하지 못한다. 어느 날 훈련사와 나머지 공부를 할 때의 일이다. 훈련사가 급한 업무 처리를 위해 퀼의 목줄을 바닥에 놓으며 "기다려!"라는 말을 남기고 사라졌다. 그런데 일을 마친 그가 퀼을 잊은 듯 다른 훈련견과 연습을 시작했다. 퀼은 계속 그 자리를 지켰다. 한참 후에야 훈련사가 한자리에서 움직이지 않고 앉아 있는 퀼을 발견했다. 퀼의 뛰어난 점은 바로 "기다려!"라는 명령을 가장 잘 지키는 거였다.

"기다려!"

몽이와 함께 지내며 가장 많이 한 말이다. 뱉어놓고 자주 후회한 말이기도 하다. 특히, 종일 혼자 두고 나갈 때는 여간 마음이 쓰이는 게 아니다.

모든 훈련을 마친 퀼은 첫 파트너로 와타나베 씨를 만난다. 그도 맹도견이 처음이고 퀼도 처음 만난 파트너이다. 와타나베 씨는 맹도견에 대해 부정적인 생각을 하고 있다. 하지만 퀼과 합숙하며 서서히 가까워진다. 둘 다 첫정이라서일까. 나중에 몸이 아픈 와타나베가 퀼을 찾아와 마지막으로 서로를 의지하며 30미터를 천천히 걸을 때, 나도 모르게 눈시울을 붉혔다. 그들만의 이별 의식이었다.

그리고 퀼도 맹도견 역할을 마칠 나이, 열한 살이 되었다. 퀼은 생후 1년간 함께 지냈던 퍼피 워커 미츠코 부부의 집으로 돌아간다. 실제로도 사회화 과정을 도운 자원봉사자가 은퇴견을 다시 맞기도 한다고 한다. 퀼은 어릴 때 기억을 되살리듯 구석구석 살핀다. 그렇게 씩씩했던 퀼이 작은 턱에도 걸려 쓰러지는 나이, 열세 살이 되었다.

우리 집 반려견 몽이도 열세 살이 넘으면서부터 문턱을 쉽게 넘지 못한다. 산책길에 만나는 하수구 망을 망설이지도 않고 훌쩍 뛰어넘던 녀석이 이제는 옆으로 피해서 걷는다. 예민했던 청력이 눈에 띄게 약해져 가끔은 집안에 사람이 들어와도 잘 알아채지 못할 때도 있다. 콩알보다 작은 간에 종양이 생겼고 두어 달 후에는 심장이 약해졌다는 결과가 나왔다. 지난봄에만 해도 산을 올랐는데 이젠 평지인 공원을 걷는 일도 쉽지 않다.

퀼은 다 해진 곰인형을 비롯해 집 구조도 그대로인 위탁가정에서 열두 살 스물다섯 밤을 마지막으로 크고 강한 날개를 접는다. 퀼이 생후 1년간 지냈던 두 번째 보호자 집에서 부부의 응원과 위로를 받으며 눈을 감는 영상이 아직도 눈에 선하다. 막 태어난 강아지로부터 노견에 이르기까지 몇 마리의 강아지가 퀼의 역할을 했을 텐데, 마치 한 마리의 견생을 본 것 같았다. 그건 바로 안내견의 90%가 레트리버 종이라서 그럴지도 모르겠다.

영화를 본 며칠 후 최양일 영화감독의 사망 기사를 읽었다. 1년 전 기사인 데다, 생면부지인 한 사람의 기사에 책상 모서리에 팔꿈치가 부딪친 것처럼 온몸에 찌르르 전율이 흘렀다. 그가 영화 〈퀼〉을 찍은 감독이어서다. 그가 찍은 영화를 본 감동이 사라지지 않았었나 보다. 감독뿐만 아니라 맹도견 퀼도 그의 견도를 받았던 와타나베도 모두 활짝 폈던 날개를 접었다. 아니, 다시 날개를 폈다. 영상의 힘이다.

몇 달 전, 우리 집 반려견 몽이도 의사로부터 준비하라는 말을 들었지만, 약의 힘으로 잘 버티고 있다. 날마다 산책시키는 아들의 정성이 몽이의 견생을 고무줄처럼 늘려놓은 것도 같다. 털을 다 민 몽이의 등에 드러난 반점들, 나는 그게 날개라고 믿고 싶다. 아마도, 그 날개의 힘을 믿고 싶은 건지도 모르겠다.

(2023)

친정엄마가 동갑이라며 안부를 챙기는 열다섯 살 몽이(2025.04)

소녀를 위한 기도
꿈의 정원에서

 이사하고 집 근처 공원을 걷기 시작했다. 며칠에 한 번씩 걷다 보니 어느새 봄을 지나 여름을 건너 가을이 깊었다. 그날도 새소리 아닌 풀벌레 소리에 잠이 깼다. 해 뜨기 전, 비질을 말끔하게 마친 공원 샛길마다 발자국 그림이 선명하다. 오솔길에는 도토리 열매가 툭툭 소리를 내며 떨어졌다. 그러고 보니 요즈음 봉지를 들고 막대기로 낙엽 속을 헤집는 이들이 보이기 시작했다. 열 명을 만난다면 운동하는 이가 셋, 열매 줍는 이는 일곱쯤 될까. 대부분 연세 지긋한 분들이다. 동물들을 위해 열매를 줍지 말라는 현수막이 무색할 정도다.

 작지만, 이 숲에도 청설모와 다람쥐가 산다. 녀석들을 보고 난 후 도토리가 보이면 주워서 숲으로 던져주곤 했다. 그날도 도토리 몇 개를 주워 숲에 던져주다가 의자에 앉아 있는 할머니 서너 분과 눈이 마주쳤다. 그분들 곁에는 보닛이 드러난 도토리가 한 움큼 놓여 있었다. 손에 남은 두어 개의 상수리 열매, 빈손처럼 주먹을 쥐고 자연스럽게 할머니들 곁을 지나쳤다.

한동안 공원을 걷지 못했다. 갑자기 경찰 저지선이 입구를 막았고 공원 옆 도로 한 차선은 경찰차로 채워졌다. 서른 몇 해 전, 아이의 흔적을 찾겠다고 키 작은 나무를 베고 쌓였던 솔가리까지 긁어냈다. 땅속을 살피는 기계까지 동원했다고 했다. 다음 날, 경찰 통제선이 가로막은 공원을 피해 유치원 친구들을 만나러 갔다.

아이들에게 웃거나 찡그리고 색안경이나 마스크와 모자를 쓴 열두 명의 다양한 얼굴 사진을 보여줬다.
"좋은 사람, 나쁜 사람을 찾아볼까요?"
아이들은 저마다의 생각으로 좋은 사람, 나쁜 사람을 찾아냈다.
"웃어서요."
"착해 보여서요."
"예뻐서요."
저마다 선택한 이유를 또박또박 이야기한다. 이번엔 사진을 뒤집어 놓고 아이들을 향해 거짓말해 본 적 있는지 물어봤다. 아이들은 고

개를 빼고 다른 친구들을 살폈다. 아무도 손을 들지 않는다. 좋은 거짓말도 있다는 걸 알려주니 그제야 두엇이 손을 든다. 이번엔 선생님도 거짓말한 적 있다고 하자 대여섯으로 늘어난다. 손을 든 친구 중 한 명의 눈을 맞추며 거짓말할 때 피노키오처럼 코가 길어지거나 얼굴 모양이 바뀌었는지를 물어보자, 고개를 살랑살랑 흔든다. 엎어놨던 다양한 모습의 얼굴 사진을 다시 보여줬다. 그리고

"얼굴만으로 좋은 사람, 나쁜 사람을 알 수?"라고 말하자마자 합창하듯이

"없어요."라고 큰 소리로 외친다.

"그래서 모르는 사람은?"

"절대 따라가지 않아요."

"그럼 아는 사람은 따라가도 될까요?"

"아니요. 엄마, 아빠 허락받아야 해요."

밤과 도토리도 다 떨어지고, 경찰로 채워졌던 작은 공원이 다시 빈 산으로 남았다. 같은 길을 걷는데 예전 같지 않다. 키 작은 나무는 다 베어냈고 간벌하고 쌓아뒀던 나무둥치들까지 사라져 화전민이 일군 밭 같다. 공원 입구에 꽃다발 몇 개만 덩그러니 놓여 있다. 그냥 갈 수 없어 그 앞에 서서 묵념하는데,

빗방울이 떨어지기 시작했다. 마음속으로 서른몇이 되었을 그때 그 꼬마의 명복을 빌었다. 지금은 아파트 숲이지만 사건이 일어난 당시엔 허허벌판에 솟아있는 작은 숲정이였을 것이다. 더구나 지금의 공원이 정확한 장소가 아닐 수도 있으니, 흔적을 찾는 일이 쉬운 건 아니었겠다.

쓰러져 가는 아까시나무, 가장 울창한 참나무인 상수리나무는 혹시 기억할까. 겨울로 들어서는 공원에 꿈의 정원이 만들어지고, 나무들은 털실 옷을 얻어 입었다. 어쩌면 이 공원 '꿈의 정원'은 오래전 사라진 소녀에 대한 애도의 이름일지도 모르겠다. 어제, 그제, 몇 년 전, 내가 만난 아이들을 떠올리고 영원히 어린이로 기억될 한 소녀의 평안을 기원하며 오늘도 천천히 꿈의 정원을 걷는다.

(2019)

병점 근린공원 꿈의 정원 (2019)

손수건 갤러리

 마땅한 손수건이 없다. 여행 준비물을 챙기다가 손수건을 찾기 시작했다. 그 많던 손수건이 어디로 간 걸까. 발이 달린 것도 아니니 내 손을 거쳐 어딘가에 구겨져 있을 것이다. 서랍에는 짚신벌레 패턴이라는 페이즐리 문양의 손수건 몇 개만 보인다. 아마 산악회나 여행 갔다가 받은 것일 텐데 이번 나들이에는 어울리지 않는다.

 먼저 어제 들고 나간 에코백을 뒤져봤다. 네모나게 접힌, 세탁 후 한 번도 안 쓴 손수건이 들어 있다. 아주 작은 나뭇잎들을 자줏빛으로 하얗게 물들인 건데, 몇 년 전 지인이 모임 중에 슬그머니 내 주머니에 찔러줬던 거다. 손수건과 함께 들어온 그녀 손의 온기가 느껴지는 것 같다. 일단 꺼내놓는다.
 다음은 작은 손가방이다. 한 귀퉁이에 꽃분홍색 수를 놓은 손수건이 나왔다. 지인의 어머니 장례식에서 오랜만에 만난 친구가 준 거다. 강화도 소청으로 만든 거라고 했다. 손수건을 볼 때마다 지금도 투병 중인 그녀의 안부를, 마음으로만 묻곤 한다.

내친김에 모든 손수건을 찾아보려고 옷장에 걸려있는 가방까지 다 뒤졌다. 주머니가 많은 가방에서 손수건이 두 개나 나왔다. 오래전 직장동료가 준 꽃자주색 손수건도 나왔고, 반세기 가까이 우정을 이어오는 친구가 사 준 진한 카키색 바탕에 두 눈이 동그란 부엉이 손수건도 나왔다. 그날 친구는 일곱 명의 친구에게 똑같은 손수건을 하나씩 나눠줬다. 삼각으로 접어 목에 두르고 코스모스 꽃밭에서 웃던 친구들은 귀여운 부엉이 수십 마리를 집으로 데리고 갔다. 친구는 지난봄 제주도 여행에서도 빨간 동백꽃 무늬의 손수건을 사서 하나씩 나눠줬다. 그 밤 숙소에서 우리는 손수건을 머리에 두건처럼 두르고 웃으며 그 순간을 사진으로 남겼다. 부엉이와 동백꽃 손수건을 보니 마치 친구가 곁에 있는 것 같다.

등산 배낭에서 잠자던 두 장의 손수건도 모처럼 빛을 봤다. 인문학 기행이 한창이던 때 주관하던 단체로부터 받은 거다. 노란 손수건은 보자기라고 해도 될 만큼의 크기이다. 그날 함께 했던 친구와 이 손수건을 들고 전국의 많은 산을 누비고 다녔다. 얼마나 많이 썼는지 샛노랗던 게 바래서 노리끼리해졌다. 함께 들어 있는 작은 손수건엔 혜원 신윤복의 〈연소답청〉이 그려져 있다. 10여 년 전에 받은 거라 이젠 솔기가 다 풀렸지만, 물 흡수도 잘되고 그림이 좋아 애용하고 있다. 머리에 꽃을 꽂고 말을 탄 여인들, 맨 앞에 가는 여인의 머리에 꽂힌 꽃가지가 바위틈에 핀 진달래꽃보다 곱다. 장죽을 입에 문 여인을 뒤돌아서서 바라보는 남정네의 어깨가 얼마나 뿌듯한지 힘이 넘친다.

여기저기서 나온 손수건을 늘어놓고 이번 여행에 유용한 것으로 끈 달린 커다란 손수건을 챙겼다. 보랏빛 꽃수가 잔잔한 손수건이다. 한쪽에 끈이 달려있으니, 식당에서 밥 먹을 때 앞치마로, 쌀쌀할 땐 무릎을 덮을 수 있는 다용도 손수건이다.

지난번 여행 갈 때도 챙겨 갔는데 쓸모가 많았다. 비행기 안에서 머리부터 목까지 덮어쓰고 잠자며 얼굴을 가리기에 좋았다. 더울 때는 삼각으로 접어 목에 두르고, 에어컨 바람이 차가운 실내에서는 숄처럼 어깨를 감쌌다. 하얀색 바지를 입은 날에는 걷다가 지쳤을 때, 의자에 펼치고 앉기도 했다. 최고의 쓸

모는 달랏 다딴라 폭포 레일바이크를 타던 날에 바람에 날아갈 뻔한 모자를 지켜줬을 때이다. 공항에서는 슈트케이스 손잡이에 돌돌 말아 표를 해 둔 덕에 금방 찾았다. 저녁에 빨아서 널어두면 아침이면 보송보송 말라 있어 아주 요긴했다. 날마다 상황에 맞게 사용할 때마다 선물해 준 대학 동기가 생각났다. 지금도, 늘 웃는 얼굴의 친구 목소리가 귀에 생생하다.

기쁨과 슬픔의 눈물을 닦아주고 땀을 닦아주며 손의 물기를 닦기도 하는 손수건. 학교에서 기후 위기 수업을 할 때는 가방 속의 손수건을 꺼내 교구로 활용한다. 덕분에 여러 명의 친구가, 앞으로 손의 물기를 옷이나 휴지가 아닌 손수건으로 닦겠다는 기특한 약속을 한다.

손수건을 챙겨 다니는 날 보고 사람들은 '여성스럽다'라고 말한다. 상황에 따라 부정적인 맥락으로 읽힐 때가 있다. 그럴 땐 그 여성스러움에 대해 의문을 가지게 된다. 주머니에 손수건을 넣어 다니는 남자들에게는 '남자답다'라고 이야기하는 걸 들은 적이 없어서였을까. 아무튼, 나는 손수건을 챙기는 게 습관이 되었을 뿐이다.

잊고 지낸 추억들이 늘어놓은 손수건에 다 들어 있다. 앨범 펼쳐 보듯 손수건을 하나하나 살피며 추억에 빠져봤다. 이번 여행에는 수십 년 만에 만나는 친구들을 위하여 손수건 선물을 준비했다. 주는 기쁨만큼 유용했으면 좋겠다는 바람을 담아 친구들 얼굴을 생각하며 하나씩 골랐다. 그리고 이곳저곳에서 찾아낸 손수건을 모아 손빨래하여 건조대에 펼쳐 널었다.

오늘은 집안이 손수건 갤러리로 변했다.

(2024)

친구의 얼굴 같은 끈 달린 다용도 손수건

껌 좀 씹어볼 시간

　풍선껌을 한 통 샀다. 꽤 오랜만이다. 풍선껌이 아직도 있다는 게 신기했다. 그만큼 잊고 살았나 보다. 겉 포장지를 뜯어내자, 껌에서 청포도 향이 났다. 은박지로 감싼 종이에 '너와 함께 있었던 그 향기'라는 메시지가 씌어 있다. 초승달 같은 눈썹 아래 적힌 문구를 한참 바라봤다. 껌 풍선의 크기를 서로 재보던 어린 시절 친구의 웃는 얼굴 같았다.

　종이를 펼치니 위에 초성 'ㅈ, ㅎ'이 제시되어 있다. 초성을 채워 전달하는 센스 메시지란다. 이런 재미는 놓칠 수 없다. 자음에 맞는 단어를 찾아봤다. '잘해', '장화', '주황'에서 막힌 내게 곁에 있던 남편이 "재현도 있고 제환도 있고." 하더니 빙긋이 웃는다. 요즘 남편 머릿속에는 오직 손주뿐이다. 그러고 보니 할아버지와 손주 이름의 초성이 같다.

　내친김에 풍선껌 하나를 더 꺼내 남편에게 내밀었다. 이번

껌 종이에는 '책을 좀 펴놓기라도 하지?'라고 쓰여 있다. 그동안 책을 가까이할 여유가 없었던 사람에게 딱 어울리는 말이다. 초성 'ㅈ, ㅁ'이 적혀 있다. '정말', '주말', '재미', '잠만' 등 생각나는 단어들을 넣어 문장을 만들었다. "정말, 이번 주말에는 잠만 자지 말고 재미있는 책을 읽어볼까?" 남편은 내 말이 안 들린다는 듯 단물 빠진 풍선껌으로 푸푸, 풍선 만들기에만 열중이다.

그러고 보니 요즘 방송에서 껌 광고가 사라진 것 같다. 꽤 오래전인 것 같은데 마지막으로 본 건 자일리톨 성분이 함유된 껌 광고가 아니었나 싶다. 충치의 원인이 되는 산을 형성하지 않는 천연 감미료가 들어갔다고 해서 인기가 있었다. 충치 예방을 위해서는 자일리톨 성분이 100%여야 하는데 그렇지 않은 제품도 있어서 한동안 충치 환자가 증가한 적도 있다고 한다. 일부 제품에 자일리톨 성분과 함께 들어간 설탕 때문이다.

남편 차에는 자일리톨껌 통이 자동차 부속처럼 붙어 있다. 통이 비면 바로 채워주지만 난 껌을 잘 씹지 않는다. 그런 나도 가방에 항상 추잉껌 몇 개를 넣어 다닌 적이 있었다. 껌이 들어 있는 걸 잊고 지내는 사이 껌은 가방과 한 몸처럼 엉겁이 되어 있기도 했다.

쥬시후레쉬와 스피아민트, 후레쉬민트는 추잉껌 삼총사다. 친구 몇 명과 껌딱지처럼 늘 붙어 다니던 때, 함께 껌을 나눠 먹고 도란도란 이야기했던 게 엊그제 일 같다. 지금은 멀리 떨어져 있어도 그런 추억이 있어 가까이 있는 것처럼 여겨진다. 그때는 그저 껌 반쪽씩 나누는 것만으로도 뿌듯했다. "껌 씹을래?"라고 물으면 너도나도 손을 내밀었다. 취향도 각기 달라 누구의 가방엔 쥬시후레쉬가 다른 친구의 주머니에는 스피아민트가 들어 있었다.

최근에 쥬시후레쉬 껌 디자인이 화장지의 포장지로 바뀌어 나온 걸 봤다. 협업 상품은 화장지만이 아니라 쥬시후레쉬 이름을 붙인 아이스크림과 맥주, 에이드도 나왔다고 한다. 아이스크림과 맥주에서 나는 껌 맛은 별로일 것 같다는 생각이 드는데 한편으로는 궁금하기도 하다. 노란색 쥬시후레쉬는 한동안 식당에서 밥을 먹고 나올 때면 서비스로 줬던 껌이다. 지금은 식후 커피가 공식이지만 그때는 껌이 그랬다.

껌이 우리나라에 들어온 건 한국전쟁 무렵, 연합군에 의해서다. 어릴 때 집 앞 신작로를 걷고 있으면 트럭을 타고 이동하던 미군이 사탕이며 껌을 던져줬다. 온몸을 뒤덮었던 부연 먼지가 가라앉을 때까지 내 발등에 떨어진 껌을 바로 줍지 못했다. 그 자리엔 나뿐이었으니 어차피 내 거라는 생각보다는 군인들이 무서워 눈앞에서 사라지길 기다렸던 것 같다. 그래도 그 껌을 집에 가져가 단물 빠지도록 씹고 벽에 붙여놓았다가 다시 씹었다.

껌을 씹으며 얻는 의외의 효과가 실린 신문 기사를 읽었다. 단, 이라는 조건이 붙기는 한다. 기사에 의하면 껌을 씹으면 열량 섭취량이 줄어든다고 한다. 운동할 때 껌을 씹으면 운동 효과를 높일 수 있으며, 집중력을 높이는 것을 확인한 연구는 여러 차례 입증되었다는 기사다.

눈이 번쩍 떠지는 건, 껌 씹기가 면역력을 증진할 수도 있다는 일본 준텐도대의 연구 결과다. 껌을 씹으면 침 속에 면역글로불린A가 증가하는데 이는 세균이나 바이러스 등 다양한 병원균에 대항하고 방어하는 역할을 한다니 이젠 껌 좀 씹어야겠다. 하지만 무엇이든 과하면 탈이 나는 법이다. 삼십 분 이상

씹으면 턱관절에 무리가 가고 사각턱이 될 수 있으니 무설탕 껌으로 하루 십 분 정도라는 단서가 붙는다.

지난번에 산 풍선껌이 아직 두 개나 남았다. 가방을 여니 포도 향이 구석구석 스며있다. 며칠 전 '너와 있었던 그 향기'가 말이다. 오늘 꺼낸 종이에는 '너 요즘 하태핫해'라고 적혀 있다. 뇌 기능을 활성화하고 정신을 이완시켜 기분을 좋게 한다는 껌 씹기의 효과에 어울리는 문구다. 곧 코로나19로 쓰기 시작했던 마스크에서 해방될 모양이니 그동안 판매량이 줄었다는 껌이 다시 '핫해'질 전성시대가 오리라는 걸 알리는 것도 같다.

이번 초성은 'ㅈ, ㅇ'이다. "좋아, 이제 껌 좀 씹어볼 시간이다."

(2023)

내 친구는 여섯 살

친구가 바닷가로 이사했다. 고향인 도시 한복판을 떠나 산 아래로 가서 몇 년 살더니 이번엔 바다가 보이는 곳으로 거처를 옮겼다. 지척에 있는 산을 지고 살 때는 산책하며 본 새와 나무, 꽃 이야기를 하더니 요즈음은 바다 냄새를 전해온다.

오늘은 비에 젖은 바다를 비롯하여 몇 장의 사진을 보내왔다. 사진의 크기를 키우자, 무궁화 같은 접시꽃이 우리 집 거실을 연분홍으로 물들였다. 개망초에 노란색 물감을 칠한 것 같은 금불초는 꽃 빛깔이 비를 맞아 더 선명하다. 조릿대를 타고 올라간 박주가리엔 브로치 같은 꽃도 피었다. 해변 공원의 주인공들이다.

무엇보다 마지막 사진이, 애들 말대로 대박이다. 빨간 장미꽃을 붙인 검정 고무신에 발목 위로 올라온 무지개색 양말이라니. 거기다 무릎에서 발목까지 물결치듯 겹쳐 내려온 치마에는 노랑, 빨강, 분홍 꽃들이 빈틈없이 피어있다. 그걸로도 모자랐을까. 온몸을 감쌌을 샛노란 우비가 금불초꽃보다 밝다. 얼굴이 보이지 않아도 친구라는 걸 금방 알았다. 며칠 전에는 보라색 공단 치마에 빨간 장미를 단 검정 고무신이더니 오늘은 더 파격적이다.

지난번에도 노란 우비 쓰고 줄무늬 양말에 고무신 신고 바다에 떨어지는 빗방울을 보러 나갔다고 했다. 그날 친구는 "이순이나 여섯이나 집 나서는 마음은 같은가 봐."라고 했다. 날마다 새롭게 태어나고 있다더니 마음뿐 아니라 옷차림에도 나타나 보다.

간간이 하이쿠 같은 짧은 글을 적어 보내던 친구가 요즘엔 긴 글을 써 보낸다. 글을 쓰다가 졸음이 밀려 자고 일어나보면 노트에 글이 쓰여 있다고도 한다. 산 아래 살 때는 눈을 떠도 감아도 그릴 그림이 보인다더니 바닷가로 옮기고 나서는 글이 바다에서 출렁이나 보다.

그림은 안 그려지는데 글 쓰는 게 재미있다더니 아마 몸으로 그림을 그리는 것 같다. 지난번에는 산책길에 만난 시 낭송가가 자신이 쓴 글을 읽어주는데 마치 글이 춤추는 것 같았다고 한다. 그날 친구의 목소리는 파도처럼 리듬을 탔다.

오늘은 바다에 떨어지는 빗방울이 그녀를 불러낸 걸까. 아무래도 속을 알 수 없는 바다와 사랑에 빠진 것 같다더니 그 병이 깊어지고 있나 보다. 바다의 구슬이 되어 바다 이야기를 전하고 싶어 '해옥당海玉堂'이라는 당호까지 지었다는 친구. 내가 바다의 구슬을 바다의 구술로 알아들을 만큼 바다에 진심인 친구다.

그림 그릴 땐 일 바지를 입는데 글을 쓸 땐 비단 치마를 입고 쓴다는 친구. 오늘도 물에서 건져 올린 말을 글로 옮겨 보내왔다. "예술가가 3%의 멋을 빼면 남는 게 없다."라는 말에 내 모습을 살펴봤다. 난 1%의 예의도 없어 보이는 차림으로 이 글을 쓰고 있다. 글로도 예의로도 당당 멀었다. 나와 360도 다른 그녀는 나의 '사브레'다. 입이 궁금할 때 가장 먼저 떠오르는 사브레는 여섯 살의 바삭함과 이순의 풍미를 다 갖춘 과자다.

지천명에 백혈병으로 고생하다 딸의 피를 받아 살아나서 젊어졌다는 그녀의 인생 2막은 여섯 살에서 다시 시작한다. 왠지 여섯 살이 좋다. 유치원에 수업하러 가면 저절로 웃음이 나오고 설렜던 걸 생각하니 예전부터 여섯 살의 행동이, 마음이 좋았나 보다. 여섯 살이 된 손주도 곧잘 논리적으로 말하고 옳고 그른 것을 가려서 이야기한다. 내 아이들도 여섯 살 때는 나를 여러 번 놀라게 했다. 때로는 고집도 부리지만 새로운 걸 받아들이고 익히며 창작하여 나를 정신 번쩍 들게 하는 나이, 여섯 살이다. 손주가 친구 같고 친구가 손주 같은 요즈음이다. 오늘도 여섯 살의 마음으로 집을 나선다는 친구에게 메시지를 보냈다.

"여섯 살의 마음으로 세상을 보고 그리며 쓰고 살자."

(2023)

비 오는 날, 좋아하는 바다에 성장(盛裝)으로 예를 다한 친구의 옷차림 (2023)

아이구, 죽겠다

열흘 만에 친정을 다시 찾았다. 가자마자 작은 방 한구석에 쌓인 물건을 정리하고 나무처럼 자랐던 벌개미취와 코스모스를 비롯하여 설악초와 결명자 마른 가지들을 정리했다. 그리고 엄마와 겨우, 겨우 밥 두 끼를 같이 먹고 돌아왔다.

눈이 내렸다. 너무 춥고 아파 겨울이라도 어서 지나갔으면 좋겠다는 엄마가 기다리는 봄을 생각하며 지난해 봄에 썼던 글을 찾아봤다. 그동안 엄마는 더 자주 '아이구, 죽겠다'를 말하고, 분신 같았던 땅과는 더 많이 멀어졌다.

시골집 공기가 열흘 전과 확연히 다르다. 매화는 가지마다 물이 올라 꽃 피울 준비가 되었다는 걸 온몸으로 알렸다. 연둣빛 싹을 내민 수선화는 금방이라도 하늘에 그림이라도 그릴 태세다. 텃밭의 마늘도 질세라 덮어놓은 짚을 뚫고 나오기 시작했다. 지난번 꽁꽁 얼었던 움파도 연한 초록빛으로 살아나고 쪽파도 작은 키를 꼿꼿하게 세워 올렸다. 그것들을 보고 있으면 날숨보다 들숨이 길어진다.

하지만, 집 안으로 들어가면 아직 겨울이다. 엄마는 불편한 몸에 매달린 통증으로 사계절 춥다는 소리를 온몸에 달고 산다. 그러니 엄마의 주변이 모두 냉동실이다. 어떤 건 꽝꽝 언 얼음처럼 변한 것도 있다. 집에 가면 가장 먼저 할 일이 있다. 냉장고에서 오래되거나 상한 음식과 과일 등을 찾아 버리는 일이다. 아직은 먹을 만하다고 괜찮다고 하지만, 결국은 버려질 것들이다. 당신의 마음처럼 몸이 움직여 주지 않으니 버릴 것이 점점 늘어만 간다.

아깝지만 버려야 할 음식물을 들고 밖으로 나갔다. 퇴비장에는 작년 가을에 창고에 넣어두었던 늙은 마디 호박이 섬처럼 덩그러니 놓여 있다. 지인들에게 다 나누어주고 남긴 한 덩이, 뭔가를 해 먹을 거라고 했으나 마음일 뿐이었던 거다. 늙은 호박은 꽃 피고 열매 맺었던 그 자리로 돌아갔다. 지난해에도 저렇게 버린 호박이 싹을 틔워 수십 개의 애호박을 내놓았다. 호박에서 호박으로 이어지니 올해도 저 호박에서 또 몇 개의 씨앗은 싹을 틔우고 애호박을 주렁주렁 매달 거다.

퇴비장을 등지고 서니 이번엔 밭에 무성하게 자란 냉이가 눈에 들어온다. 바구니를 들고 밭으로 갔더니 어제 다녀갔다는 목욕 봉사자들의 호미 자국이 선명하다. 열흘에 한 번, 목욕 봉사 오는 날마다 냉이를 캐 간다더니 그분들 저녁 밥상에도 냉이 향이 가득했겠다. 화수분 같은 밭이다. 가을에는 배추로 숨을 못 쉬던 냉이들이 겨울이 되자 코딱지 나물과 봄까치를 업고 땅속으로 길게 뿌리를 뻗었다.

 뒷집 아저씨가 냉이 캐는 나를 보더니 휘청휘청 다가오신다. 이곳저곳 아프다던 아저씨가 올해 들어 눈에 띄게 쇠약해졌다. 얼마 전에는 운동할 겸 자전거를 타고 농로를 달리다가 갑자기 어지러워 논두렁으로 자빠지고, 한번은 연못 옆으로 고꾸라졌다는 이야기를 남 얘기하듯 한다. 어지럼증이 얼마나 무서운지를 경험했기에 호미질을 멈추고 이야기를 한참 들어드렸다.

 여든이 넘은 노인들이 사는, 나란히 줄 선 세 집은 마을의 가장 윗말에 속한다. 구순을 앞둔 노인들이 지키는 집은 주인과 같이 모르는 사이, 아는 사이에 천천히 낡아간다. 맨 윗집 아저씨는 수십 년 전에 알코올성 치매 진단을 받았다. 아주머니는 당뇨합병증으로 눈이 보이지 않아 두 분 다 아무것도 못 하신다. 그러니 농사를 놓은 지 오래되었다. 그 댁 마당 앞의 논에는 소나무 묘목이 뿌리를 내려 이전에 벼가 자랐다는 걸 땅도 잊었을 만큼 변했다. 오전 오후로 나누어 오는 요양보호사가 아니면 두 분의 간호를 위해 아들이 직장에 다니기도 힘들다. 가운뎃집에 사는 친정엄마도 거동이 어려워 요양보호사의 도움을 받는다. 아랫집 아저씨도 작년부터 생활 보호사가 자주 들른다. 올해는 농사도 버거워 손을 놓을 거라는데 그렇게 되면 아저씨가 짓던 엄마의 몇 마지기 논도 묵은 땅이 될지 모른다. 그래도 그냥저냥 가장 건강한 아랫집 아저씨가 가끔 엄마의 기척을 확인하러 온다. 맨 윗집 아저씨의 말벗이 되어주는 것도 아저씨다. 그런데 이도 아프고 무릎도 아프고 요통에 어지럽기까지 하다니 마음이 쓰인다.

올해부터는 냉이가 지천인 이 밭도 생산을 멈춘다. 지난해 심은 들깨 농사가 마지막이었다. 동네 아주머니 부부가 마늘과 배추를 심었던 밭이다. 하지만, 아저씨가 지난겨울, 폐암 투병 끝에 떠나면서 아주머니도 이쪽 밭일에서 손을 놓았다. 엄마한테 들러 이야기 벗이 되었던 아주머니가 자주 오지 않으면 엄마는 더 심심해지실 거다.

하지만, 엄마는 그보다 먼저 멀쩡한 밭이, 땅이 놀게 된다는 걸 못 견뎌 한다. 당신이 할 수 없는 일이 된 지금은 그저 풀이 무성하기 전에 갈아엎을 궁리가 최선이다. 통증으로 달고 다니는 "아이구, 죽겠다."라는 말은 당신 몸만이 아니다. 저 땅도 생산을 멈추면 죽는 것이라는 말이 '아이구, 죽겠다'에 들어 있다.

이 봄, 내가 보기엔 땅은 이미 '생산'을 시작했다. 밭에는 작년에 떨어진 들깨가 싹을 틔웠고 명아주며 봄까치, 냉이도 한 자리씩 차지했으니 말이다. 농사만 알고 살아온 팔순 노인들이 말하는 잡초들이다. 뿌리지 않아도 알아서 나고 자라 생을 반복하는 잡초를 보며, 이제 그분들이 풀 같기를 바란다. '아이구, 죽겠다'를 받아먹고 살랑살랑 흔들리는 저 풀들처럼 말이다.

(2024)

새벽 두 시

 간호사의 귓속말에 눈을 떴다. 두 시에 영상 촬영이 있다는 말에 처음엔 낮인 줄 알았다. 같은 병실의 환자 다섯 명과 그들의 통증도 진통제로 잠이 든 시각이다. 살그머니 일어나 병동 복도를 몽유병 환자처럼 걸어서 엘리베이터를 탔다. 새벽 두 시, 낮에는 온갖 사람의 사연을 싣고 붐볐을 네모난 공간에도 적막만이 가득하다. 엘리베이터는 층마다 멈추던 낮과 달리 8층에서 1층으로 수직 낙하했다.

 내 슬리퍼 끄는 소리와 이동식 링거 거치대의 바퀴 소리로 가득한 넓은 공간, 불쑥 두려움이 몰려온다. 사뿐사뿐 걸어서 응급실 앞을 지나는데 오늘은 환자가 적어 조용하다. 그날 간이침대에 누운 채 이동하며 들었던 다급하고 축축한 목소리들이 들리는 것 같다. 빠른 걸음으로 응급실을 지나 영상실에 도착했다.

촬영 기사님이 이번엔 삼십 분짜리라는 걸 강조한다. 중간에 정 힘들면 누르라며 작은 풍선 같은 걸 손에 쥐여 준다. 귀마개까지 채우더니 움직이지 말라는 말과 함께 기계 안으로 밀어 넣었다. 덜컥, 겁이 난다. 또 다른 두려움이 스멀스멀 몰려와 온몸을 감싼다. 새벽 두 시라는 시각 때문일 수도 있겠다.

새벽 두 시는 남편이 출근하는 시각이다. 벌써 15년 가까이 해 온 일이다. 그래서 늘 잠이 부족하다. 아들은 24시간 근무하고 이틀을 쉰다. 밤에 사건 사고가 없으면 눈 좀 붙일 텐데, 출동이 잦으면 밤잠은 고사하고 이튿날 아침 퇴근 시각도 없다. 그래서 밤잠을 잘 자야 건강을 유지할 수 있다는 이야기를 들으면 걱정이 풍선처럼 부푼다. 동생도 20년 가까이 밤낮이 바뀐 생활을 한다. 낮에 일정이 생겨 이동할 땐 늘 졸려 한다. 가끔이지만, 동생이 운전하는 차에 타면 바늘방석이 따로 없다. 그럴 땐, 내가 운전을 계속했어야 한다고 생각한다. 생각만 한다. 지금은 깨어있을 그들이, 먼 우주 공간에 있는 것처럼 느껴진다.

병원에서의 나흘이 마치 한 달 같다. 구급차에 실려 와 응급실에서 다시 입원실로 그리고 작은 기계 속에 들어갔다 나오길 여러 번이다. 이번이 마지막이길 바라지만, 그도 알 수 없다. 원통형의 기계, 그 안에 누워있으니 이제 더는 작아질 수 없는 가장 작은 마트료시카 인형이 된 것 같다.

도로 위 아스콘을 깨는 불도저 같은 소리로 시작한 기계음은 돌덩이를 부수는 소리로 돌변하더니 한참 이어진다. 기계 안에서의 삼십 분은 너무 길다. 손에 쥔 풍선을 살짝 만져본다. 풍선을 누르는 대신 두려움을 잊기 위해 가끔 하던 대로 나무 이름부터 불러보기 시작한다. 다음은 꽃 이름으로 옮겨간다. 다시 산 이름으로 넘어가 이백여 개의 산을 돌아다녔는데도 검사는 계속되고 있다. 내 생각을 그대로 옮기는 듯한 소리, 기계는 내 머릿속 사진만 찍는 게 아니라, 마음까지도 읽어내는 것 같다.

바닥난 낱말 놀이에 인내도 한계에 이르렀다. 도저히 견디지 못하겠으면 누르라는 탈출 가능한 도구에 생각이 모이기 시작한다. 누르고 싶을 때마다 심호흡하며 마음 다독이기를 얼마나 했을까. 갑자기 조용해졌다. 그러고도 시간이 한참 흐른 것 같은데 기계에서 꺼내줄 기미가 없다. 혹시, 촬영 기사님이 새벽이라 피곤하여 조는 게 아닐까. 뭐가 잘못되었나 싶어 불안해질 때, 문 여는 소리가 들린다. 참았던 숨을 길게 내쉬며, 잠시라도 그의 직업 정신을 의심한 게 미안해진다.

 검사를 마치고 다시 올라온 병실은 여전히 고요하다. 달아난 잠이 다시 올 리 없다. 살그머니 병실을 나섰다. 어둠에 잠긴 병동과 달리 창밖으로 보이는 바깥은 불야성이다. 고속도로를 질주하는 차들과 길 건너 대기업 건물에도 불이 환하다. 저 안에서는 또 얼마나 많은 사람이 밤을 잊고 일에 집중할까. 문득 고故 황현산 선생님의 『밤이 선생이다』라는 산문집 제목이 생각난다. 폭이 다른 여러 개의 '두려움'이라는 강을 건넜던 오늘 밤이 내겐 선생이었다. 집에서 만나는 불면과 느낌이 다른 건, 병원이라는 공간 때문일 거다.

 시간마다 혈압과 체온을 재러 오던 간호사를 비롯하여 촬영실의 기사님, 응급실에서 동분서주하는 의료진들, 병원 맞은편 불 밝힌 건물 안의 사람들, 한창 밤을 지키고 있을 남편과 아들까지. 그들이 있어 나와 우리의 일상이 유지된다는 걸, 그래서 밤이 선생이라는 걸 깨달았던 새벽 두 시이기도 하다.

(2023)

개좋다 vs 참 좋다

 4년 전 담가놓은 개복숭아 청이 꿀처럼 변했다. 그날의 고생과 함께 봉인해 둔 병뚜껑을 여니 달콤한 향이 집안에 퍼졌다. 한동안 샐러드 소스를 만들며 매실청을 사용했는데, 이제부터는 개복숭아 청을 써야겠다. 진액을 다 뱉어낸 과육이 씨앗에 가죽처럼 달라붙어 있다.

 개복숭아는 남편 친구가 양평 주말농장에서 따줬다. 눈개가 바람에 날리던 날, 남편이 한달음에 달려가 받아온 개복숭아는 정말 접두사 '개'에 어울리는 모양이었다. 크기가 다른 건 괜찮았으나 과육에 붙은 먼지는 설렜던 마음에 찬물을 끼얹었다. 거기다 비 오는 날 땄으니 물기와 이파리가 서로 혼연일체가 되어 손을 대기까지 의지가 필요할 정도였다. 하지만, 비렁에 서 있는 나무를 바라보며 비 맞는 것도 아랑곳하지 않고 열매를 땄을 남편 친구의 모습을 생각하니 버릴 수도 없었다. 먼저 개복숭아 열매에 욕심을 낸 건 나였다.

깨끗한 것과 솔질이 필요한 것을 나누어 놓고 먼지 묻은 것을 씻어 정리하는 데만 서너 시간은 족히 걸렸다. 상처 나고 먼지가 너무 달라붙은 것도 버리지 못해 따로 모아 칼로 도려내느라 다리가 저리고 허리까지 아팠다. 더구나 개복숭아는 매실과 달리 과육에 붙은 잔털 때문에 씻는 횟수도 몇 배로 늘었다. 그때 애쓴 덕분인지 '개'라는 접두어에 어울리지 않게 고급스러운 개복숭아 청이 만들어졌다.

개복숭아의 '개'는 과수원의 복숭아와 달리 '야생에서 자란, 질이 떨어지는, 흡사하지만 다른'의 뜻이 있다. 비슷한 이름으로 개나리, 개꽃, 개머루가 있다. '정도가 심한'으로 쓰이는 접두사 '개'로는 개잡놈, 개망나니가 있다. 그중 개망나니는 성질이 아주 못되거나 예절에 지나치게 어긋나는 행동을 하는 사람을 이르는 말이다. 옛날 사형수의 목을 베던 사람을 '망나니'라고 했다. 아무도 하고 싶지 않은 일이었겠다. 그래서인지 당시 망나니는 천인이나 중죄인 가운데서 뽑아 강제로 시키기도 했다.

망나니는 그렇게 천시의 대상이 되었고 점점 성질이 못된 사람을 비유하는 말로 접두사 '개'가 붙으며 그 의미가 확대되었다.

'헛된, 쓸데없는' 뜻을 더하는 접두사 '개'로는 개꿈, 개수작, 개죽음 등이 있다. 나는 개꿈을 잘 꿨다. 내 꿈이 개꿈으로 평가절하되기는 했어도 내게는 개꿈이 아닌 적이 많았다. 잠재의식의 시각화가 꿈이라는 거에 기대, 내 생각과 언행을 톺아보는 재미도 있었다. 그러니 내게는 아주 헛되거나 쓸데없는 건 아니었다.

요새는 접두사 '개'의 의미가 달라지고 있다. 특히, 청소년들에게 '개'는 주로 멋지고 좋다는 의미로도 쓰인다. 버스를 타고 가다 보면 하굣길에 우르르 몰려 탄 학생들이 아주 자연스럽게 '개'를 넣어 말한다. "개멋있어, 개재밌어, 개좋아." 가끔 "개싫어, 개재미없어."라는 말도 들리는 걸 보면 '개'는 아주 좋거나, 몹시 나쁘거나 둘 중 하나가 아닌가 싶다. 수십 년 전이지만, 딸이 학교 다닐 때도 친구들 이름 앞에 '개'를 붙여 부르곤 했다. 지금 생각건대 그때의 '개'는 못하다는 의미의 '개'가 아닌 지금의 '멋지고 좋다'라는 의미의 개로 변해가는 과정이 아니었나 싶다. 아직은 사전에 '개'가 못하다는 의미로 쓰이고 있으나 조만간 '개'의 또 다른 의미로 '멋지다로도 쓰인다.'라고 올라갈지도 모르겠다. 그러면 우린 앞뒤 말을 잘 듣고 그 '개'의 의미를 해석해야 하지 않을까.

거른 개복숭아 청을 보고 있으니, 전자의, 접두사 '개'가 아닌 '멋지고 좋다'는 후자의 의미를 부여하고 싶다. 제멋대로 생긴 데다 지저분했던 열매의 모습과는 다른 색으로 거듭난 개복숭아 청을 질이 떨어진다고 하기에는 어울리지 않아서다. 이 뿌듯한 결과를 지인들과 나누려고 가벼운 플라스틱병을 몇 개 사 왔다.

유리처럼 투명한 용기에 청을 담아 놓으니, 색깔이 마치 밤꿀 같고 도라지청 같다. 아무래도 이름표를 적어야 할 것 같아 '2019년 개복숭아 청'이라는 스티커도 붙였다. 마지막으로 새지 않게 랩으로 씌운 후 마개를 닫았다. 그리고 포장지로 감싸고 끈으로 리본까지 묶으니 그럴듯한 멋진 선물이 만들어졌다. 그 많던 개복숭아 청이 표나게 줄어들었다. 그래도 뿌듯하다. 개복숭아 청 몇 병 나눌 생각에 기분이 '개 좋다'. 아니다, '개'도 개 나름이긴 하지만, 이럴 땐 아무래도 기분이 '참 좋다'가 낫다.

(2024)

귀가 부르는 바람의 노래

 벌레 한 마리가 어깨에서 팔꿈치 쪽으로 기어가는 게 보였다. 기겁하여 소리를 질렀다. 정신없이 손바닥으로 팔을 훑어 내리고 보니, 다행히 꿈이었다. 내 목소리에 놀라서 일어나 시계를 보니 새벽 세 시다. 무의식에서 건너온 의식의 세계가 낯설다. 꿈이 생생하여 불을 켜고 주변을 살펴보고서야 다시 누웠다. 잠의 꼬리를 붙잡고 매달려 보지만, 다시 돌아갈 수 없다. 그때 잠이 도망가며 툭 던져두고 간 게 있으니 바로 이명이다. 형체 없는 손님은 무례하기 이를 데 없다.

 잠이 달아난 자리를 바람이 차지했다. 살랑거리는 봄바람도 아니고 시원한 바닷바람도 아니며 마음을 설레게 하는 바람은 더더욱 아니다. 바람은 세기를 달리해 촉각을 곤두세우게 만든다. 파도처럼 잔잔했다가 요란했다가 회오리를 일으키기도 한다.

 주인 허락 없이 들어온 바람이지만 최소한의 예의는 있는지 한쪽 귀만 차지하고 앉았다. 그래도 자꾸 신경이 쓰여 바람 소리를 덮어볼 요량으로 음악을 틀었다. 하지만, 노래가 멈추자 다시 바람 소리가 다시 들리기 시작한다. 바람의 근원을 헤아리다가 한겨울 소백산 비로봉을 떠올렸다.

 그해 소백산에는 세상 모든 바람이 모여든 것 같았다. 숲속 오솔길을 걸을 때 부는 실바람은 하나도 춥지 않았다. 이정표 같은 마른 주목 앞에서 맞는 겨울바람은 시원하기까지 하여 산들바람처럼 느껴지기도 했다. 하지만, 비로봉에 부는 바람은 전혀 다른 얼굴이었다. 옷깃을 한껏 여미고 얼굴을 가려도 바람은 빈틈을 잘도 파고들었다. 도망치듯 산 아래로 내려와서야 칼바람에 난도질당한 정신을 겨우 수습할 수 있었다.

 여민 옷을 파고들던 바람처럼, 내 안 어딘가에 빈틈이 생겨서 바람이 들어온 걸까. 세상 고요한 왼쪽과 바람에 잠식당한 오른쪽 세상의 경계에 서면 눈까지 어지러워 심란해졌다. 어릴 적 들었던, 전봇대에서 울리는 소리로 느껴질 때 고개를 왼쪽으로 한껏 숙이고 단골 한의원을 찾았다.

아플 때마다 찾아가다 보니 한의사는 내게 온 손님의 이력을 다 꿰고 있다. 어깨부터 소화기 문제, 전정기관신경염에 뇌동맥류까지. 그뿐인가 갑자기 아팠던 종아리며 넘어져 다친 무릎 치료에 손가락 관절까지, 나열하기 창피할 정도다. 그래도 몸에 문제가 생기면 선생님을 찾는다. 하다 하다 이제 병명에 이명까지 올리게 생겼다.

귀에서 소리가 난다고 하니 사람들이 한결같이 말했다.
"먹는 양은 적은데 몸을 너무 쓰니 그런 거야."
가서 보약이라도 한 재 지으라며 등 떠미는 가족의 말을 달고 갔으나 약 먹을 생각은 들지 않았다. 한의사도 어지러움이 온 다음 회복 속도나 강도가 작년보다 나아 보이니 좀 더 기다려 보자고 했다. 새로 생긴 이명에 크게 신경 쓰지 않는 것 같다. 불편하기는 해도 괜찮을 거라는 말 한마디에 몸이 날아갈 듯 가벼워졌다.

그런데 귀 주위에 침을 맞고 온 다음 날, 누에가 뽕잎 갉아 먹는 소리가 들리기 시작했다. 오직 내 귀에서만 나오고 내 귀로만 들을 수 있는 소리는 어느 순간 세찬 소나기로 바뀌었다. 그러다 태풍이 되어 귓속을 휘저었다. 귀가 부르는 노래를 잠

재우려 부러 텔레비전 소리도 키우고 밖으로 나가봤지만 소용없었다. 겨우 면봉 하나 지나갈 만한 좁은 길에 부는 바람이 이렇게 크게 들릴 수 있다니. 바람도 무게가 있는지 자꾸만 머리가 오른쪽으로 기울어졌다.

  온갖 소리는 이틀을 머물다가 월요일이 되자 잠잠해지기 시작했다. 귀를 기울이고 신경을 모으면 들릴 정도가 되니 모든 게 달라 보였다. 먼 데서 들리는 것 같았던 소리도 잘 들리기 시작했다. 마음이 가벼워지니 몸도 가뿐해졌다.

  그날, 내 귀에서 떠난 바람風의 빈자리에 얼른 새로운 바람 몇 개를 들어 앉혔다. 그렇게 세 번째 스물을 채운 바구니에 소소한 희망 몇 개가 자리 잡았다.

(2023)

이런 사람 저런 사람, 그럴 수도 있지

기차 맨 앞칸에 타보기는 처음이다. 그것도 기관실 바로 뒤, 첫 번째 자리다. 뒷자리에는 친구로 보이는 중년 여성 둘이 앉았고 우리 바로 뒤 대각선 방향으로는 할머니와 손주가 앉았다. 그들의 대화 내용으로 뒤돌아보지 않아도 관계를 알 수 있다. 뒷자리에서는 기차를 타자마자 간식 꾸러미를 풀고 이야기보따리까지 푸느라 정신이 없다. 옆자리의 할머니는 손주 단속하느라 분주한데, 정작 시끄러운 건 할머니의 목소리와 헛기침 소리다. 이 상황이 뭔가 낯설지 않다. 몇 년 전에 어머니를 뵈러 가기 위해 기차를 탔을 때의 상황과 비슷하다. 그때도 맨 앞자리에 앉았었다.

코로나19가 완화되며 실외에서는 마스크를 벗어도 된다는 발표가 있은 지 며칠이 지났지만, 역을 비롯하여 승강장 어디에도 마스크를 벗은 사람은 보이지 않았다. 4년 가까이 쓰다 보니 벗는 게 어색할 수도 있었다.

기차가 출발하자마자, 어디선가 전화벨이 울렸다. 뒷자리 손님 전화기 같았다. 벨이 서너 번 울려서야 전화를 받았는데 목소리가 큰 남자분이었다. 부산 가는 길이라는 소리가 우렁찼다. 우리도 몇 년 전까지 부산을 자주 갔다. 이젠 어머니가 울산에 계시니 부산 가는 길보다 울산 가는 길이 더 익숙하다.

통화를 마치기 무섭게 또 전화벨이 울렸다. 앵무새처럼 앞의 통화에서 했던 말을 반복하고 전화를 끊었다. 잠시 후, 세 번째 통화가 시작되었다. 벨 소리가 들리지 않는 거로 보아 무음으로 바꿨거나 본인이 건 것 같았다. 그런데 목소리는 예의가 없었다. 바로 앞자리인 내게는 전화기 너머 상대방의 목소리까지 들릴 정도였으니 말이다.

둘은 서로 잘 안 들릴 거로 생각하는 듯했다. 마치, 남편과 어머니가 통화하는 것 같았다. 남편은 어머니 귀가 어둡다고 소리를 높이고 어머니는 어머니대로 당신이 잘 안 들리니 크게 말한다. 아마 저분들도 서로 그렇게 생각하거나, 시끄러운 장소에 있거나 둘 중 하나였겠다. 통화가 길어지니 책 읽기에 집중이 안 되었다.

읽던 페이지 위로 아저씨의 목소리가 해일처럼 밀려왔다. 이 정도 목소리라면 맨 뒷자리까지도 들릴 것 같았다. 통화가 멈추지 않고 달리는 기차처럼 길게 이어지더니 이번엔 부산 가는 이유가 나왔다. 친척 어른이 돌아가셨단다. '당숙'이라고 하니 아버지 형제. 내게도 당숙이 다섯 분이나 계신다. 아버지는 위로 누님만 두 분인데 당숙들은 형제만 다섯이다. 일찍 돌아가신 아버지와 달리 모두 건강하게 지내시니 다행이다. 그런데 당숙 중 한 분이 돌아가시면 저렇게 먼 길을 달려갈 수 있을까 생각하니, 통화하는 동안은 조금 참아줘도 괜찮겠다.

 조용해져서 책을 다시 펼쳤는데 아까부터 같은 페이지에서 맴돌았다. 암막 커튼처럼 내려온 눈꺼풀에 져서 잠이 들었다. 얼마쯤 잤을까. 갑자기 알람처럼 울린 전화벨 소리에 잠이 깼다. 예의 그 뒷자리 남자분의 전화였다. 친구 같았다. 앞의 통화 내용이 반복되었다. 어느새 내가 '부산에 사시는 당숙이 돌아가셔서'라는 속말을 했다. 그의 친구들 이름이 대여섯을 지나 열에 가까울 무렵 보던 책을 가방에 넣었다. 챙겨 다니던 귀마개를 꺼내 양쪽 귀에 끼웠다. 그래도 바로 뒷자리라 소리가 귀마개를 통해 거칠 것 없이 들려왔다.

 친구에게 부산에 가는데 다시 다른 지역에도 들러야 하고 사람 노릇 어렵다고 하소연이 늘어졌다. '그건 맞는 말이네.' 또 나도 모르게 맞장구를 쳤다. 따지고 보면 우리도 사람 노릇 하러 가는 길이었으니 말이다. 어머니가 안 계시면 이렇게 먼 길을 쉽게 나설까. 그의 통화 내용이 10년 후를 내다보는 경제를 돌아 다시 기승을 부리는 코로나로 숨진 사람들의 사인까지 조목조목 늘어놓으며 끝날 줄을 모르고 이어졌다.

그가 읽어주는 책에 빠져들다 보니 어느새 기차가 동대구에 도착했다. 쉴 새 없이 이어지던 그의 통화도 그때쯤 멈췄다. 아마 승무원의 요청이 아니었다면 통화는 울산을 지나 부산까지 이어졌을지도 모르겠다. 하마터면 "우리도 부산을 자주 다녔는데요."라고 말할 뻔했다. 울산역에 내리면서 슬쩍 뒷좌석을 돌아봤다. 모자와 마스크를 쓰고 팔짱을 낀 채 고요에 든 남자, 얼굴은 보이지 않았다. 살아계신 어머니를 뵈러 가는 내가 돌아가신 당숙을 보러 가는 그의 통화를 참을 만했던 건, 오랜만에 탄 기차에 코로나19가 완화된 이유도 있지 않을까 생각했다.

기차표를 예매할 때마다 고민한다. 몇 호차가 좋을까. 좌석은 어느 위치가 좋을까. 그런데 늘 타고 보면 좋은 자리란 따로 없다. 이웃을 잘 만나야 하듯 기차 타는 것도 그랬다. 지난번처럼 이번에도 참을만했던 이유를 찾아봤다. '출산율이 점점 떨어진다는데 아이 목소리 듣는 것쯤이야 참을 수 있지. 그래, 오랜만에 만난 친구와의 기차여행이니 얼마나 할 말이 많을까.' 그러면서 창밖을 보니 기차는 하얀 눈이 쌓인 벌판을 달리고 있었다. 문득 〈설국열차〉가 떠올랐다.

하나 더 보탰다. 이렇게 눈이 많이 왔는데, 기차가 달려주는 게 어딘가.

(2025)

3월과 5월 사이

    4월 1일. 5월을 향해 달리는 4월의 첫날은 거짓으로 시작한다. 모든 속이는 말들이, 마치 4월이 아니라고 말하는 것 같다. 하지만 계절은, 달력은 뒤로 가지 않아서 묵묵히 제 할 일을 해낸다.

    4월 4일. 삼십몇 년 전, 사월이 새싹 같은 순을 내밀 때 내 배 속에는 아이가 있었다. 아이는 분만 예정일인 3월을 훌쩍 넘겼다. 예정일로부터 2주가 지나자, 병원에서는 배 속에서도 아이가 늙는다며 유도분만을 권했다. 늙는다는 말을 들었는지, 아이는 그날 밤 내 작은 배에 찬 태평양 같은 양수를 네 시간 동안 헤엄쳐 세상으로 나왔다. 자시子時, 열두 시 이십팔 분이었다. 가끔, 아이가 3월이 아닌 4월을 기다리고 있었던 건 아니었을까 싶을 때가 있다. 아이는 4월의 물오른 나무처럼 잘 자랐다.

4월 16일. 잘 자란 많은 나무가 우듬지를 뻗기도 전에 부러진 날이다. 크고 작은 수많은 나무가 육지가 아닌 바다에서 생을 마쳤다. 날마다 들려오는 어린나무들의 이야기가 무서웠다. 비명처럼 들리는 소리에 내 안에 숨고 숨으며 귀를 막았다. 용기 없는 비겁한 겁쟁이라는 걸 확인한 시간이었다. 무서워서 숨고 참으며 소리 없이 울었고, 그들의 평안을 간절히 빌었다. 겨우 한다는 게, 그저 노란 리본 하나 보이는 곳에 달아놓고 들고나며 보는 게 다였다. 2014년 4월의 허리는 그렇게 잔인하게 꺾였다.

4월 20일. '장애인의 날'이 올해로 45회째다. 어림잡아 보면 내가 초·중·고를 다 마친 시기쯤에 만들어진 날이다. 지금도 난 용기가 부족한 사람이다. 알면서도 나서거나 표현하지 못할 때가 많다. 내가 어릴 때 아니, 한창 예민한 청소년 시기까지 사람들은 다리가 불편한 엄마를 힐끔거리며 '쯧쯧' 혀를 찼다. 어떤 아이들은 뒤쫓아 오며 엄마 걸음걸이를 흉내 내고 손가락질을 했다. 나는 잘못한 일도 없는데, 고개를 숙여 피해 다녔다. 그 아이들을 향해 눈을 크게 뜨고 종주먹을 들이대는 동생과는 달라도 너무 달랐다. 불쾌하다고 하지 말라고 말할 용기라는 게 내겐 없었다.

  '장애인의 날'은 장애인의 권리와 인권을 존중하자는 취지에서 만든 날이다. '다양성, 편견 없는 동행' 등의 슬로건도 있다. 엄마는 이런 초록초록한 단어가 없는 황무지를 건너왔다. 지금은 누구와도 동행할 수 있고 당당히 다닐 수 있는데, 이젠 맘대로 걷지 못하니 당신만의 성에 머물고 있다. 그래서 '장애인의 날'에는 막대 아이스크림의 반 이상이 부러져 땅에 떨어졌을 때의 기분이 된다.

  올해도 4월은 바빴다. 제주 4·3 희생자 추념일과 지구의 날에 이어 책의 날, 그리고 이충무공 탄생일까지. 4월을 위로하느라 그랬을까. 어떤 꽃들은 더 일찍 피었고 어떤 꽃들은 오래 낙화하지 않았다.

(2025)

누가 주인일까 2

 정확히 12일 전의 일이다. 텃밭에 심은 마늘종이라도 뽑으려고 내려간 길이었다. 하지만, 마늘밭을 샅샅이 살펴봐도 마늘종이 올라온 건 하나도 없었다. 더구나 잘 자라던 마늘은 군데군데 누렇게 떠서 썩어가기까지 했다. 풀보다 더 쉽게 쑥쑥 뽑히는 마늘을 보며 한숨만 푹푹 내쉬었다. 그건 자책의 날숨이었다. 심기만 했지, 풀도 겨우 한 번이나 뽑았을까. 엄마 말대로 물 한 모금 제대로 먹여준 적 없으면서 잘 자라길 바라는 건 욕심이 아닐 수 없었다. 그나마 두어 달 전에 심은 완두콩이 잘 여물어 첫 수확의 기쁨으로 마늘밭의 아쉬움을 달랬다.

 6월 하순이면 마늘 생각에 잡혀 지낸다. 우리도 일정이 있으니 마늘 캘 날을 잡는 게 쉽지 않다. 더구나 날을 잡아 놓으면 장마철이라 비가 내려 낭패 보기 일쑤다. 올해도 그랬다. 할 수 없이 주중에 하루 내려가서 캐기로 했다. 그런데 우리가 가기 전에, 뒷집 아저씨와 요양보호사님이 손을 보태 다 뽑아놨다. 아저씨는 얼마나 꼼꼼하신지 옮기기 편하고 마르기 좋게 한 줄로 나란히 늘어놓기까지 하셨다. 고맙게 마늘 크기도 적당했다. 아저씨 덕분에 마늘을 밭에서 마당으로 옮겨 놓고 콩을 심고 블루베리까지 딸 수 있었다. 남편과 일을 나누어서 하니 네 시간 동안 여러 가지 일이 가능했다.

이태 전만 해도 우리는 엄마의 아바타처럼 움직였다. 마늘은 밭에서 옮기기 전에 누런 잎을 말끔히 제거해야 했다. 밭에서 들고 온 마늘은 엄마의 지시에 따라 미리 정해둔 마당 한 곳에 펼쳐놓았다. 늘어놓을 때는 겹치지 않게, 이왕에 하는 거 보기 좋게. 각자 집으로 가져가는 건, 줄기만 잘라내는 게 아니라 뿌리까지 깔끔하게 다듬는지 확인했다. '대충'. 그런 게 통하지 않는 감독이었으니, 풀이 사람을 몰아낸다는 여름에도 마당과 텃밭, 어디든 말끔했다. 그런데 이젠 풀들 세상이 되었다.

작년에 콩을 거둔 뒤로 묵혀 둔 텃밭이 있다. 봄에는 제비꽃이 보라색으로 물들이더니 지금은 노란 꽃을 피운 괭이밥 세상이다. 거기다 코스모스와 끈끈이대나물, 망초, 닭의장풀에 명아주, 바랭이, 설악초, 맨드라미까지 자리를 잡았다. 엄마는 그곳에 콩을 심으라고 했다. 몇 주 전 갈아엎어 아직 풀이 없는 너른 밭에 심으면 수월하다는 내 말은 허공으로 날아갔다.

'이유가 있으시겠지.'

호미를 들고 들어가 한창 미모를 뽐내는 풀들을 뽑아내며 콩을 심기 시작했다. 콩을 심을 때는 등 뒤에서 풀들의 수군거림이 들리는 것 같았다. 예전의 엄마 같았으면 맨드라미와 설악초, 끈끈이대나물은 뽑아서 마당 가로 옮겨 심었을 거다. 감독도 없고 시간도 없으니 그냥 뽑는다. 아니, 뽑아버린다.

손가락이 아프도록 풀을 뽑고 흙을 고른다. 한 두둑에 네다섯 개 정도로 간격은 너무 베지 않게 구덩이를 파서 콩 네 개를 넣는다. 한 알은 새 몫이라 했던가. 가끔 옜다, 하는 마음으로 다섯 개를 던져넣기도 한다. 마음이 후해서가 아니라, 넣고 보니 다섯 개인데 다시 꺼내는 게 일이라서다. 콩을 넣은 다음 흙은 적당히, 살살 덮어준다. 몇 해를 귀가 따갑도록 들으며 배운 덕에 몸이 알아서 움직였다.

"이거 심어서 얼마나 수확한다고."

"그러게."

남편과 콩 심을 곳의 풀을 뽑으며 주고받은 말이다. 이 말을 몇 번이나 반복했을까. 마늘, 사 먹으면 된다. 콩, 그것도 사 먹으면 편하다. 해마다 그렇게 말하면서도 때가 되면 무언가를 심고 거두고 다시 심는다. 수확물이 보잘것없어도 멈추지 못하고 있다. 거동이 불편한 엄마 대신이다. 종자가, 씨앗이, 밭으로 돌아가는 걸 보여드렸을 때, 계절과 절기를 가늠하고 어설픈 손일망정 우리를 통해 무언가를 했다는 뿌듯함이 보여서다. 그게 당신이 지켜온 땅에 대한 도리일 수도 있겠다는 우리 나름의 계산이다. 그래서 서툴고 힘든 일이지만, 효도의 한 방법이라고 생각하기로 했다.

춘추시대 초나라의 노래자는 칠십의 나이에 어린아이가 입는 색동옷을 입고 부모 앞에서 재롱을 떨었다고 한다. 오늘 우리는 장화를 신고 호미를 들고 엄마의 땅에서 재롱을 떨고, 마늘은 어디에 옮겨 널었고 콩은 어디에 심었으며 블루베리는 얼마만큼 땄는지 낱낱이 알려드렸다. 하지만, 밭에서 나온 수확물은 십분의 일도 당신 것이 아니다.

동으로 서로 내달렸어도 심어야 한다던 서리태는 만져보지도 못하고 다시 집으로 돌아왔다. 집에 와서 챙겨온 마늘을 풀어놓는데 엄마 말이 생각났다.

"그려, 그려. 고생들 혔다."

아직은 당신이 이 땅의 주인임을 확인하는 말이다. 앞으로 저 말을 몇 번이나 들을 수 있을까.

(2025)

풀은 용케도 안다. 주인의 호미가 녹슬어 가는 걸, 이제 텃밭 주인은 괭이밥이다 (2025)

직선에서 곡선으로

그는 오늘도 직진이다.

내비게이션에 입력한 목적지를 웬만해선 벗어나는 법이 없다. 운전하면서 수시로 도착 시각을 확인한다. 늦어도 빨라도 몇 분 차이인데, 그에게는 분이 시간 단위로 느껴지는 모양이다.

그의 하루를 선으로 그어본다면 A부터 Z까지, 또는 ㄱ부터 ㅎ까지 거칠 것 없이 단 한 번에 직선으로 그려질 거다. 삶도 그랬다면 좋았을 텐데, 그건 그의 노력만으로 되는 게 아니어서 물결 같은 곡선이다. 가느다랗지만 중간에 끊기지 않은, 날카롭지 않은 부드러운 선이니 그나마 다행이다.

젊은 시절 직장 생활도 그랬다. 특별한 경우를 제외하고는 회사부터 집까지 직선 하나면 족했다. 그는 어떻게 보면 단순

했고, 달리 보면 본인이 쓸데없다고 여기는 것들에 관심이 없었다. 아이들이 어릴 때, 같은 아파트 이웃들은 퇴근하는 그를 보며 말했다.

"선영이 아빠 오는 거 보니 저녁 할 때가 되었네."

그러고는 옹기종기 모여있던 자리를 떠나 각자 집으로 돌아가기도 했다. 매일 같은 시각에 일어나고 출근했다가 퇴근하는, 참 단조로운 일상이었다. 그땐 다 그렇게 사는 거라고 여겼다. 휴가나 명절 때도 짧게는 일곱 시간에서 길게는 스물네 시간까지 운전하며 본가인 부산까지 오르내렸다. 한눈팔지 않고 샛길로 빠지지 않고 오직 고속도로 하나만 달렸다. 어느 해엔가 내가 말했다.

"이번엔 가는 길에 ○○에 잠시 들렀다가 가는 건 어때?"
"옆으로 빠지면 더 밀려서 소요 시간이 늘어날 수도 있어. 안돼."

그런 그가 요즈음은 목적지만을 보고 직진하는 대신, 가끔 옆으로 빠지며 곡선을 그리기 시작했다. 부산의 결혼식장을 다녀오다가 경주로 나가 대릉원을 잠시 들르기도 했고, 처가에 가는 길에 수선화를 보러 옆 도시로 나가기도 했다. 지난 사월 말에는 겹벚꽃을 보러 목적지를 벗어났고, 며칠 전에는 목장 산책길을 걷기 위해 우회 도로를 택했다. 모두 손주들과 함께하며 생긴 변화다.

손주들이 안겨준 변화는 또 있다. 이동만 직선을 그리는 건 아니어서 말도 완곡이라는 부드러운 곡선을 그릴 줄 모르니 늘 직선이었던 그가 조금씩 느슨해지고 부드러워지기 시작했다. 직선을 지향하는 그의 말은 확실하고 깔끔하다. 하지만, 모든 말이 그렇지는 않아서 기껏 쌓아 올린 모래성이 말 한마디로 스르르 무너지는 일도 다반사였다. 그런데 손주들과 대화하면서 눈높이를 맞추고 천천히 말해야 한다는 걸 배워가며 조금씩 바뀌고 있다.

내가 보기엔 직진만 고수하며 틈이 없어 답답하던 그가 이제 숨을 쉬는 것 같기도 하다. 아직 갈 길이 당당 멀었으나, 조금씩 변화하는 모습이 보인다. 돌아보면 다 좋을 수 없듯이 다 나쁘지도 않았다. 단점도 장점 같을 때가 있었고 장점이 단점 같을 때도 있어 수평을 유지했다.

아무튼, 오늘도 그는 또 직선을 그리는 중이다.

(2025)

그가 직선이 아닌 곡선을 그리도록 만들어 준 화니와 하니 (2025)

이별보다 작별

지인의 어머니께서 돌아가셨다. 오랫동안 병원을 집처럼 여겼던 분이다. 더구나 최근엔 아무도 못 알아보고 그저 연명치료만 하고 있다고 했다. 한 번도 뵌 적은 없으나 부고 소식에 가슴을 쓸어내렸다. 가신 분도 남은 가족도 홀가분하겠다는 생각이 들어서다. 나도 숙제를 마칠 때가 되었다는 생각이 들었다.

사전연명의료의향서를 등록해야겠다는 생각은 오래전부터 해왔다. 그때는 등록처가 전국에 몇 군데 없었다. 수도권에 살면서 서울이 멀다는 핑계로 미뤘는데 요즈음엔 보건소나 병원에서도 등록할 수 있는데도 차일피일 미뤘다.

그러다 모임을 마치고 돌아오는 지하철 안에서 날을 잡았다. 아마, 주된 대화가 모든 생물학적 기능이 중지되는 '죽음'

이어서였을 거다. 전철 역에 내려서 등록기관인 보건소까지는 걸어서 오 분 거리다. 그 짧은 거리를 가는 데 참 오래도 걸렸다. 걸어가는 동안 여러 생각이 우산에 떨어지는 빗방울처럼 쏟아져 내렸다.

이게 뭐라고, 도착하니 심장박동이 빨라진다. 만약에 내가 의사 표현을 하지 못할 때, 연명치료가 의미 없을 때를 위한 대비라지만, 생명을 담보로 한 문제이니 긴 설명을 들어야 했다. 마지막으로 등록신청서에 서명했다. 마치고 나니 혹시 모를 일에 보험이라도 들어둔 것처럼 마음이 든든하다. 수년간 풀지 못한 과제를 마친 느낌이다. 보건소 문을 나서니 들어갈 때까지도 우산을 썼는데 어느새 비가 멈췄다. 오랜만에 보는 오후의 햇살이 눈부시다. 가벼운 마음으로 집까지 걸어가기로 했다. 한 장의 서류에 서명했을 뿐인데, 늘 다니던 길이 낯설다.

이제 죽음은 금기의 단어가 아니다. 어쩔 수 없이 생명을 중단하는 방법은 조력사와 적극적 안락사, 소극적 안락사가 있다. 조력사는 치료가 의미 없을 때 스스로 약물이나 주사를 주입해 생을 마감하는 일이다. 적극적 안락사는 의사가 약물을 투여하는 것이고 소극적 안락사는 말 그대로 연명치료를 중단하는 일이다. 그러니 내가 서명한 연명의료의향서는 만약의 경우를 대비한 소극적 안락사에 들어가겠다. 2018년 연명의료결정법이 만들어졌기에 가능한 일이다.

2016년 8월 국회에서, 회생 가능성이 없으며 증상이 악화하여 죽음이 임박했고 치료해도 회복이 되지 않는 임종 과정을 위한 웰다잉법(존엄사법)이 통과되었다. 바로 연명의료결정법이다. 말 그대로 의식이 없는 상황에서 심폐소생술, 항암제 투여, 인공호흡기 착용, 혈액투석 등으로 연명하는 것을 멈추는 데 동의하는 일이다.

최근 남호주에서 자발적 안락사를 허용했다는 기사를 봤다. 7주 만에 서른 명 넘게 신청했다는데, 누구나 가능한 건 아니다. 18세 이상의 성인이어야 하고 호주 시민권자나 영주권자이면서 남호주에서 최소한 12개월 이상 거주한 사람이어야 한다. 또 두 명 이상의 독립적 의료전문가로부터 환자의 상태가 치료 불가능하며 질병이 계속 진행되고 기대 수명이 1년 미만이라는 판단을 받아야 한다. 생명에 관한 거니 환자가 독립적으로 안락사를 결정할 능력과 이에 대한 정보를 알고 있는 것도 증명해야 한다.

몇 년 전, 한 작가가 자신의 독자였던 사람의 조력사 현장에 함께 한 이야기를 쓴 글을 읽은 적이 있다. 호주 교민으로 스위스에서 조력사를 선택한 그는 60대의 폐암 말기 환자였다. 고통 없이 가고 싶었던 그는 가족들과의 만찬으로 생전 장례식을 치렀다. 작가는 그날 떠난 사람의 아내로부터 조력사는 본인한테만 품위 있는 죽음이라는 이야기를 듣고 생각이 많아진다. 유명 배우 알랭 들롱도 조력사를 선택했었다. 선택은 선택일 뿐, 그는 건강 악화로 집에서 사망했다.

이런저런 생각을 하며 집을 향하여 걸어가는데 메시지가 도착했다. 사전연명의료의향서가 시스템에 등록되었으며 한 달이내 등록증을 우편으로 받아볼 수 있다는 내용이다. 혹시, 내가 의식이 없을 때, 내 생명 연장을 가족이 결정해야 하는 일만은 없겠다는 생각이 든다. 연명의료를 결정해야 할 순간 없이 편안하게 간다면 더없이 좋겠으나 혹시라도 그런 일이 생긴다면 정신이 또렷할 때 내가 결정하고 싶었다.

한 달 후, 등록증이 도착하면 가족과 정보를 공유하고 남편에게도 권해야겠다.『모두 웃는 장례식』이라는 동화책에 '스스로 헤어지는 건 작별이고 어쩔 수 없이 헤어지는 건 이별'이란 말이 있었다. 그러니 오늘 내 결정은 만약에 뜻밖의 일이 생겼을 때, 갑작스럽고 힘든 이별이 되지 않도록 준비하는 작별의 시작이다.

(2023)

중용의 맛, 무

저녁에 무를 썰어 넣고 갈비탕을 끓였다. 베란다를 치우며 아이스박스에 넣어둔 무를 찾아낸 덕분이다. 지난해 가을에 갈무리해 둔 건데 바람도 들지 않고, 무 본연의 맛을 잃지 않았다. 토막 낸 무를 보며 '무는 이래야지'라며 혼잣말까지 했다. 무를 볼 때마다 3년 전 무 생각이 난다.

스물다섯 포기의 배추로 김장한 것까지 기억난다. 속이 꽉 차지 않은 것도 있어서 한 해 전보다 다섯 포기 정도 더 따오는 바람에 양이 늘었었다. 양념은 해마다 하는 일인데도 할 때마다 처음 같다. 매번 무채를 썰며 시골에서 백여 포기 담글 때 양만 기억한다. 그러니 김칫소를 넣을 때마다 처음에는 조금씩 넣다가 중간쯤 되면 안심하고 듬뿍듬뿍 넣는다. 그해도 예년과 다를 바 없었다.

배추와 무, 파는 시골에서 챙겨왔고 가까운 농수산 시장에 가서 생새우와 새우젓도 샀다. 잘 익은 대봉감도 두어 개를 갈아 양념에 넣었다. 시장에서 사 온 생새우 신선도가 좋지 않아서 새벽 배송으로 싱싱한 걸 다시 주문하기도 했다. 북어 머리를 삶은 물에 찹쌀풀까지 정성껏 쑤었다. 해마다 내년엔 안 담글 거라고 하면서도 심고 가꾼 친정엄마의 정성을 외면하지 못해 1년 먹을 김치에 온갖 정성을 다한다.

그해엔 막 담근 김치를 남편 직장 동료에게도 몇 포기씩 보냈다. 어머니를 모시고 있는 동서를 비롯하여 음식 솜씨 좋은 동생과 배추를 키운 엄마께도 한 통씩 보냈다. 김치통을 전하며, 김치냉장고에 넣어뒀다가 여름에 꺼내 먹으면 맛있을 거라는 부연까지 달아 보냈다. 정성 들여 담갔으니 당연히 맛있을 거라 믿었다.

우리 집 김치는 담가서 바로 먹기보다는 몇 달을 숙성한 후에 꺼내야 맛있다. 여름엔 물에 담갔다 쌈 싸 먹으면 별미다. 친구들과 한창 산에 다닐 때는 물에 씻은 김치만 챙겨 가도 일미로 환영받았다. 묵은지로는 김밥과 찌개, 찜에 부침개도 해 먹었으니, 김장김치는 최고의 반찬이면서 든든한 음식 재료였다.

 그런데 그해 김치는 내 기대를 산산조각 냈다. 맛도 없는 데다가 이상한 냄새까지 났다. 물렀다면 소금이나 배추에 문제가 있겠다고 여길 텐데 그런 현상이 없으니, 이유를 찾을 수가 없었다. 김치통을 열면 공기 접촉을 피하려고 통에 넣은 비닐이 발효하며 생긴 가스로 팽창해 있어야 하는데, 비닐은 처음 넣을 때 그대로 김치와 한 몸이 되어 붙어 있었다. 비닐을 벗겨 내니 군내가 났다. 대체 무엇이 김치의 숙성을 방해한 것일까.

 김장하던 날로 돌아가 곰곰이 생각해 봤다. 특별한 문제가 없었다. 다시 시계를 더 돌렸다. 친정엄마가, 올해 무는 물이 적어 맛이 없다고 한 말이 생각났다. 그러면서 마을 아주머니가 우리 밭에 무를 심었으니 필요한 만큼만 얻어다 쓰라고 했다. 알았다고 대답은 했으나, 무가 없는 것도 아니고 우리 밭 무도 감당이 안 될 만큼 많은데 그럴 필요가 없다는 생각에 신경 쓰지 않았다. 그러고 보니 무채를 썰어 고춧가루를 입혀놓으면 물이 흥건해야 하는데 그렇지 않았다. 원인은 무밖에 없었다. 김장김치에서 무가 얼마나 중요한 역할을 하는지 그때 알았다. 조선무, 왜무, 총각무, 열무만 있는 줄 알았지, 저장무가 있다는 것도 무 품종이 4천여 가지에 이른다는 것도 처음 알았다.

맛없는 김장김치 이야기를 들은 친정엄마가 한마디 했다. "그거 봐라." 당신 말을 듣지 않은 결과를 가리키는 말인 '그거', 그 결과물인 김장김치는 그야말로 계륵 같은 존재가 되어버렸다. 하지만 양념이 아까워서 버리지 못하고 닭 갈비뼈의 살을 발라 먹듯이 3년에 걸쳐 야금야금 먹고 있다.

드디어 고기와 무가 어우러져 맛있는 갈비탕이 되었다. 사찰 음식의 대가이신 선재 스님은 '무는 모든 음식을 중화시켜 준다.'라고 했다. 오늘 갈비탕은 고기보다 무가 주인공이다. 무부터 꺼내 맛을 보니 들큰하다. 이렇게 무와 잘 맞는 음식이 있을 터, 이번 주 시골에 가면 땅에 묻어 놓은 무를 꺼내 와야겠다. 깍두기도 담그고 생채도 해 먹고 뭇국도 끓이고, 또 무말랭이를 만들어 덖어서 끓여 마시며 한쪽으로 기우는 마음도 중화시켜 봐야겠다.

(2025)

에필로그

나는 안녕했다!

글을 쓰는 동안 안녕했으므로 힘이 몇 배로 필요한 문을 닫는 일에 겁먹지 않기로 한다.

여는 일은 가벼웠으나 글의 뒷모습을 보며 문을 닫는 일엔 미련이 남는다. 그래서 세상에 완벽이란 없다는 말로 미흡한 나를 위로한다.

글을 쓰는 동안 사라졌던 불편한 마음들. 덕분에 지금 여기, 내가 있다.

글쓰기는 나뿐만 아니라 너의 안부를 묻는 일이기도 했다. 너는 당신일 때도, 그대일 때도, 나무와 새, 동물, 풍경일 때도 있었다. 나슨했지만, 한없이 게으르지만은 않아서 다행이다.

부족하지만, 최선을 다한 성실한 날들을 기록한 곳간의 문을 여기서 닫는다.

나의 안녕을 위해 가장 많이 애써 준 남편을 비롯한 가족들, 나의 안녕을 챙기는 친구들과 소중한 인연들에 고맙다는 인사를 전하며, 나만의 안녕이 아닌, 모두의 안녕이 계속되길 두 손 모아 빈다.

2025년 큰 바람의 달 시월에

반유盤流 김기화